● 저자: 황찬규 목사

● 1967년 5월 27일 한국병원선교회 창립자 및 초대 회장인 필자

● 한국병원선교회 2대 회장 오상백 박사님

● 한국병원선교회 명예 회장 백낙준 박사와 그의 부인 최이권 여사와 함께

● 1968년 세계병원선교회 프란시스 그림 회장님의 한국 방문
이때 세계병원선교회에 정식으로 가입하였다.

International Hospital Christian Fellowship Conference
Kössen, Austria, June 1972
Theme: "Bringing Christ to the Nations"

SPEAKERS

Mr. Chan Kyu Hwang
Korea; Co-ordinator
for the Far East

Miss Daphne Cole
Nepal

Rev. Kenneth Ragoonath
Trinidad; Co-ordinator
for the Caribbean

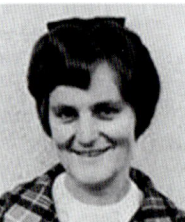
Miss Leonora van Tonder
Holland; Co-ordinator
for Europe

Dr. William Standish Reed
U.S.A.

Dr. Loris Saevareid
Norway

Dr. David Fabra
Spain; Co-ordinator
for Iberia

Dr. Akanu Ibiam
Nigeria

Miss Shirley Oxby
England; Co-ordinator
for British Isles

- 1972년 6월 오스트리아 쾌센(Köessen) 세계병원선교대회 영어도 잘 못하는 부족한 필자도 강사로 소개되어 있다.

International Hospital Christian Fellowship Conference
Kössen, Austria, June 1975
Theme: "Building with God in the End-Time"

SPEAKERS

Miss Louise van den Berg
Taiwan: WEC missionary working among medicals

Miss Leonora van Tonder
Holland: HCF Co-ordinator for Europe

Mr. Chan Kyu Hwang
Korea: HCF Co-ordinator for the Far East

Mr. Antoine Deeb
Lebanon: HCF Co-ordinator for the Middle East

Rev. Kenneth Ragoonath
Trinidad: HCF Co-ordinator for the Caribbean

Dr. Jack Cooper,
Texas, U.S.A.: Eye Surgeon

Rev. Dana Minnaar
South West Africa

Dr. George McDonald,
Ireland: HCF Co-ordinator for British Isles

Dr. Euclides Casas Morales,
Uruguay: Dental Surgeon

● 1975년 6월, 역시 오스트리아 쾌센 세계병원선교대회 여기에서도 필자를 강사로 소개하고 있다.

- 세계병원선교회 창립자
  Francis Grim 회장

- Mrs. Erasmia Grim

- 1974년 12월 24일 이송희 간호사 미국 선교사로 파송예배
  (현재 세계기독간호재단 이사장)

● 한국병원선교회 4회 하기수양회

● 1977년 5월 한국병원선교회 창립 7주년 기념 야외모임

● 1980년 2월 병실에 들어가서 환자들에게 찬양을 들려주며

● 승봉도 무의촌 진료 봉사
　수차례 봉사를 한 후 승봉도교회가 세워졌다.

● 1975년 한국병원선교회 미국지부 임원들

● 1975년 오스트리아 쾌센 세계병원선교대회에 참여한 한국 회원들

● 1976년 한국병원선교회 뉴욕지부 베데스다교회 창립멤버(김원기 목사님과 함께)

● 1976년 10월 한국병원선교회 독일지부(지부장 김근철 목사)
  이 수양회에서 현재 아프리카대륙선교회에서 충성하고 있는 김종양 선교사가 예수님을 영접하였다.

● 한국병원선교회 4대 회장 김용순 목사님

● 한국병원선교회 5대 회장 김명호 박사님

● 한국병원선교회 6대 회장 신상철 박사님
1993년부터 지금까지 헌신하고 계신다.

● 김진동 목사님, 고 백남선 장로님, 방규오 총무님, 이정청 교수님과 함께

● 1999년 7월 미국 세계밀알지도자회의에서 손봉호 박사님과 함께

● 필자가 섬겼던 한국병원선교회 워싱턴 한우리교회 전경

● 한우리교회 박우원 담임목사님과 사모님, 이윤수 집사님 부부, 배재식 집사님 부부, 필자의 아내 신은자 권사

"More people pass through the hospitals of the world than through it's churches."

Healthcare Christian Fellowship
Far East/Korea

● 신상철 회장님, 방규오 총무님, 백문화 간사님과 함께

● 한국병원선교회 방규오 총무님 댁에서 신년수련회를 마치고

● 한국병원선교회 울산지부 (윗줄 왼쪽부터) 방규오 총무님, 김진동 목사님, 박두욱 목사님, 정근두 목사님 (아랫줄 왼쪽부터) 전용애 간사님, OOO, 손정자 전도사님, 노말생 전도사님과 함께

● 한국병원선교회 부산·경남지부 회원들과 함께

● 신상철 회장님과 함께 네팔 선교여행

● 세계병원선교대회에 참석한 김진동 목사님, 이석영 목사님과 함께

● 한국병원선교회 몽골지부장 Dr. Nara, 부회장 Dr. Enkhee와 함께(몽골병원선교회 사무실)

● 한국병원선교회 일본지부장 Dr. Kibayashi와 함께

● 한국병원선교회 독일지부장 김근철 목사님과 함께

● 필자가 섬겼던 한국중앙교회를 창립한 최복규 목사님과 함께

Fifth Asia-Pacific Regional Conference of HCFI
& Celebration of 70th Anniversary of HCFI

세계병원선교회 아시아·태평양지역 컨퍼런스
세계병원선교회창립 70주년 기념성회
10–14 October 2006 Seoul, Korea

- 2006년 10월 세계병원선교회 70주년 대회(임마누엘 감리교회)
- 36개국에서 5000여 명 참석
- 대회장 신성철 박사(본회 명예회장)
- 준비위원장 홍찬규 목사(본회 명예회장)

● 2007년 3월 1일 필자의 칠순기념 및 서울경기지부 설립예배

● 한국병원선교회 몽골지부 선교대회 강사 Dr. Chris Steyn 회장

● 2009년 세계병원선교대회 말레이시아에서

● 2009년 세계병원선교대회 말레이시아에서 특송을 부르는 한국 회원들

● 2015년 9월 영국 웨일즈 세계병원선교회 지도자대회에 참석한
  박성혁 원장님, 장황호 목사님과 함께

● 축령복음병원에서 환자들에게 말씀을 전하시는 신상철 회장님

● 방규오 총무님이 환자들에게 말씀을 전하고 계신다.

● 한국병원선교회 방규오 총무님, 신상철 회장님, 김능환 부회장님과 함께

● 평일 12시부터 축령복음병원 환자들에게 말씀으로 큐티하는 박성혁 축령복음병원장님과 차경열 시립정신병원장님

● 한국병원선교회 사역자찬양대

● 한국병원선교회 남양주병원 아침 경건의 시간
  (신상철 회장님, 신동열 행정원장님, 장성욱 관리이사님, 송건도 진료부장님)

● 국립암센터 이강현 원장님(신우회 명예회장), Dr. 최성원 회장님과 함께

● 한국병원선교회 국립암센터 신우회 임원들

● 2016년 한국병원선교회를 방문한 Dr. Chris Styen 회장님과 함께
(윗줄 왼쪽부터) 신상철 회장님, Dr. Chris Styen 회장님,
신형주 원장님, 신은영 이사장님, 박성혁 원장님
(아랫줄 왼쪽부터) 차경열 원장님, 방규오 총무님, 신인철 교수님

● 2016년 세계병원선교회 Dr. Chris Styen 회장님과 함께

● 회관 건립에 전적으로 헌신하신 방규오 총무님과 함께
  아들 방대성 집사님이 운영하는 현대식 양돈장에서

● 미국에 있는 두 아들의 가족들과 아내

● 필자의 딸과 사위

● 아내 신은자 권사와 함께

● 아내 신은자 권사와 함께

● 2016년 세계병원선교회 Dr. Chris Styen 회장님이 한국병원선교회 국립암센터 방문

하나님이 주를 다시 살리셨고 또한 그의 권능으로 우리를 다시 살리시리라 … 너희 몸은 너희가 하나님께로부터 받은 바 너희 가운데 계신 성령의 전인 줄을 알지 못하느냐 너희는 너희 자신의 것이 아니라 값으로 산 것이 되었으니 그런즉 너희 몸으로 하나님께 영광을 돌리라

_고전 6:14, 19-20

Healing JESUS

병원을 통하여 구원하시는
치료자 예수님

Healing JESUS

병원을 통하여 구원하시는
치료자 예수님
황찬규 목사 지음

초판1쇄 인쇄	2017년 4월 26일
초판1쇄 발행	2017년 5월 2일
발행처	도서출판 이레서원
발행인	문영이
출판신고	2005년 9월 13일 제2015-000099호
기획	이혜성
편집	송혜숙, 오수현
영업	박생화
총무	곽현자

경기도 고양시 일산동구 중앙로 1160 오원플라자 701호
Tel. 02)402-3238, 406-3273 / Fax. 02)401-3387
E-mail: jireh@changjisa.com
Website: jireh.kr / Facebook: facebook.com/jirehpub

책값은 표지에 있습니다.

ISBN 978-89-7435-487-9 03230

신저작권법에 의해 한국 내에서 보호받는 저작물이므로 저작권자의 서면 허락 없이 이 책의 어떠한 부분이라도 전자적인 혹은 기계적인 형태나 방법을 포함해서 그 어떤 형태로든 무단 전재하거나 무단 복제하는 것을 금합니다.

이 도서의 국립중앙도서관 출판예정도서목록(CIP)은 서지정보유통지원시스템 홈페이지(http://seoji.nl.go.kr)와 국가자료공동목록시스템(http://www.nl.go.kr/kolisnet)에서 이용하실 수 있습니다. (CIP 제어번호: 2017009911)

병원을 통하여 구원하시는

치료자 예수님

Healing JESUS

황찬규 목사 지음

이레서원

추천의 글

생명이 다할 때까지 변치 않으실 황찬규 목사님

　황찬규 목사님은 하나님께서 한국병원선교회를 위해 택하여 보내신 하나님의 신실한 종입니다. 황 목사님 가슴속에 살아서 일하시는 성령님의 빛이 사람들의 마음을 비추어 가난하고 병든 수많은 영혼들이 복음의 기쁜 소식을 듣고 믿고 구원받게 되기를 바랍니다.
　이 책에서 황찬규 목사님은 자신의 체험을 통해 얻어진 신앙의 글들과 어떻게 병원선교를 시작하게 되었는가, 세계병원선교회와는 어떻게 만나게 되었는가, 그리고 한국병원선교회의 50년 동안에 일어났던 많은 일들을 증언하셨습니다. 또한 병원선교란 무엇인가, 병원선교의 중요성과 방법 등에 대해서도 기록해 놓으셨습니다.
　저는 이 책을 읽는 많은 사람들에게도 성령님의 역사가 동일하게 일어나 놀라운 체험들을 하게 될 것을 믿습니다. 특히 질병으로 고통당하는 많은 환자들에게 이 책이 많이 읽혀지기를 소망합니다. 이분들이 황찬규 목사님이 만났던 예수 그리스도를 만나 구원을 받고 천국 백성이 되는 일들이 분명히 일어날 것입니다. 더 나아가 이렇게 그리스도의 능력으로 고침 받은 환자들 중에서 또한 황찬규 목사님처럼 복음의 불덩어리가 나타날 것을 믿습니다.

이와 함께 현재 병원에서 수고하시는 그리스도인 의사들과 간호사들, 원목님들, 그 외에 환자들을 돕는 많은 사람들이 이 책을 통하여 복음으로 새롭게 무장하고, 이들이 하나님께서 이 땅 위에 이루고자 하시는 계획을 깨달아 하나님의 뜻이 각 병원, 우리나라 전체, 온 세계에 이루어지는 데 한몫을 감당할 수 있기를 바랍니다.

축령복음병원·남양주병원 원장 및
한국병원선교회 회장
신상철

추천의 글

병원선교에서 가장 중요한 분은 예수님입니다

한국병원선교회의 50주년을 기념하여 『치료자 예수님』의 출간을 예수님 안에서 기쁨으로 축하드립니다.

이 책의 제목을 보면 병원선교에서 가장 중요한 분이 누구이신지 알 수 있습니다. 제목은 그분의 크신 긍휼과 병으로 고통받는 분들을 치유하시고자 하시는 사랑을 나타내고 있습니다.

『치료자 예수님』을 통해 한국에서 병원선교회가 어떻게 가능하게 되었는지, 그리고 50년 동안 하나님이 보이신 신실하신 사랑의 역사를 보시기를 바랍니다.

병원선교회에서는 사람이 얼마나 위대한지에 대해서는 말하지는 않습니다. 왜냐하면 우리는 그렇지 않기 때문입니다. 그러나 우리는 예수님이 얼마나 위대한지에 대해 말합니다. 그분은 완벽하시고 완전하신 분이시기 때문입니다.

세계병원선교회 가족을 대표해서 황찬규 목사님과 한국병원선교회 관계자분들께 책의 출간과 한국병원선교회 50주년을 축하드립니다.

"의인의 길은 돋는 햇살 같아서 크게 빛나 한낮의 광명에 이르거니와"(잠 4:18)

With joy in the Lord we celebrate the publication of 'Healer Jesus' at the time of the Fifty Years Golden Jubilee Celebration of HCFI South Korea. The title immediately tells you Who the most important Person in HCFI is: Jesus Christ. It also points to His tremendous compassion and desire to bless the suffering people who come to caregivers for help. Explore together with Rev. Hwang how God has made the ministry of HCFI South Korea possible and how He has demonstrated His faithfulness over the years. In the HCFI family we do not tell people how wonderful we are, because we are not. But we do share how wonderful Jesus Christ is, because He is perfect! On behalf of the HCFI International family we congratulate Rev Chan-Kyu Hwang and all those involved in HCFI South Korea on both the publication of the book and on the Golden Jubilee Celebration.

The path of the just is as a bright light that is shining ever brighter till the fullness of day, Proverbs 4:18.

세계병원선교회 회장
Dr. Chris Steyn

추천의 글

병원선교의 삶을 통해 전도의 열매를 맺고, 한국병원선교회 창립 50주년을 맞이하여 하나님께 영광 돌리는 황찬규 목사님

한국병원선교회 황찬규 목사님께서 체험적 신앙 수기인 『치료자 예수님』이라는 책을 통하여, 투병 중인 분들에게 희망과 용기를 드리고, 병원선교를 알리며, 하나님께 큰 영광 돌리심을 축하합니다.

황찬규 목사님께서는 본인의 치유 경험을 통해 병원선교라는 소명의식을 갖고, 오랜 기간 동안 꾸준히 병원선교에 헌신하고 계십니다.

목사님을 뵐 때마다, 하나님께서 동행하심으로 사랑과 화평으로부터 온유와 절제에 이르기까지 성령의 열매를 풍성히 맺고, 믿음의 본이 되며, 기독인으로서의 모범적인 삶을 통해 전도의 문을 활짝 열어 그 지평을 크게 확장하고 있음을 느끼게 됩니다.

황찬규 목사님의 『치료자 예수님』을 통해, 병원을 통하여 구원하시는 하나님을, 많은 분들이 만나고 큰 용기와 소망을 갖기를 희망합니다.

국립암센터 원장 및 국제암대학원대학교 총장
이강현

추천의 글

43년간 황찬규 목사님과 함께 치료자 예수님을 섬김

　황찬규 목사님은 1964년 6월 2일 질병으로 도저히 살 수 없는 죽음의 마지막 순간에서 치료자 예수님을 통하여 기적적으로 다시 생명을 찾으셨습니다. 그리고 불타는 성령님의 인도함을 받아 1967년 5월 27일 한국병원선교회를 시작하셨습니다.

　저는 폐암 말기 수술 중에 성령의 뜨거운 체험으로 완전히 고침을 받았습니다. 퇴원 후에 황찬규 회장님이 예배를 인도하시는 국립중앙의료원 교회에 나가서 하나님의 말씀을 듣는 중에 황 회장님에게 꼭 세례를 받고 싶다는 생각이 들었습니다. 그러나 황 회장님은 본인이 자격이 안 된다고 하시며 완곡히 거절하였고, 이후 하나님의 크신 은혜 속에서 레키보 선교사님의 도움을 받아 신학교를 졸업하시고 목사가 되신 후 저와 제 아내를 한강으로 인도하여 세례를 주셨습니다.

　저는 43년간 황찬규 목사님 곁에서 한국병원선교회로 총무로 사역하고 있습니다. 참으로 감사하고 기쁜 동역의 길입니다.

　한국병원선교회 창립 50주년을 맞이하여 황 목사님께서 『치료자 예수님』을 출판하시기에 진심으로 축하를 드리며, 우리 하나님께 영광을 올려 드립니다.

한국병원선교회 총무

방규오

머리말

치료자 예수님께 감사와 영광을!

현대를 가리켜 불안과 회의의 시대라고 합니다. 신문 사회면을 보아도 하루에도 수십 건의 교통사고, 자살, 살인 등의 범죄가 양심의 눈을 피해 수없이 일어나고 있습니다. 인간은 천차만별의 환경 속에서 어쩔 수 없이 주어진 운명을 따라 살아갑니다. 어떤 사람은 현대판 솔로몬의 영화를 누리면서, 또 어떤 사람은 욥처럼 자기의 난 날과 자기를 밴 모태를 저주하면서 살고 있기도 합니다. 그러나 삶은 우연이든 필연이든 목적과 보람을 가지고 살아야 할 것입니다.

인생은 누구나 독수리 같은 투지력으로 생을 개척하지 않으면 삶의 보람을 상실할 수밖에 없는 줄로 압니다. 독수리는 높은 나무 위에나 가파른 절벽 위에 집을 짓습니다. 집을 지은 후에 자기의 깃털을 뽑아 놓고 또 솜털을 물어다가 포근한 잠자리를 만들고 알을 낳고 품어 새끼를 부화시키는데, 부화 후 시간이 지나 어느 정도 자라게 되면 자기가 뽑아 놓았던 털과 물어 놓았던 솜털을 밖으로 차내어 버립니다.

그렇게 앙상하고 가시가 돋은 둥우리에서 어린 새끼를 기릅니다. 굶어죽지 않을 정도로만 먹을 것을 가져다주어 배고픔과 추위로 견딜 수 없는 환경 가운데서 새끼를 훈련시키고 양육합니다. 때로는 날카로운 가시에 찔려 새끼의 날개에서 피가 흐르는데도 어미 독수리는 냉정하게 대합니다. 어미의 기척에 따라 고개를 이리저리 돌리다 뾰족한 가시에 목이 찔려도 못 본 척합니다.

　이것으로 시련이 끝나는가 했더니 이번에는 상처투성이인 새끼 독수리를 높은 창공으로 잡고 가서 찬바람 부는 창공에 떨어뜨려 버립니다. 새끼가 땅에 떨어져 이제는 죽었다 하는 순간 문득 정신을 차리니 어느새 어미 독수리의 날갯죽지 위가 아니겠습니까? 이러한 훈련을 몇 번이나 반복한다고 합니다. 마지막 훈련 장소는 눈보라 치는 창공으로, 위의 방법과 같은 시련을 준다고 합니다.

　이 모든 역경을 이겨 낸 독수리만이 눈보라 치는 창공으로 올라갈 수 있습니다. 그러므로 새 중의 왕이라는 귀한 칭호를 받습니다. 만약 독수리가 사람과 같은 영성을 가졌다면 어머니가 나에게 주는 무서운 시련은 나를 죽이기 위한 목적이 아니라 이 시련을 통하여 어머니의 형상을 닮게 하여 새 중의 왕이라는 칭호를 주기 위한 목적임을 깨닫고 깊고 높고 넓은 어미의 사랑을 느낄 것입니다.

　저는 1958년 국립의료원 생화학실에서 근무하면서 신앙을 지켰으나 뜻밖에 정치계 인사들과의 교류 속에서 신앙보다 인간적인 자만과 고집을, 경건한 신앙생활보다는 물욕과 명예욕에 빠져 지내게 되었고, 끝내는 원효로에서 요정을 경영하여 방종한 생활을 하다가 마침내 방광암이라는 불치의 질병으로 사형선고를 받게 되었습니다.

　4년간 견딜 수 없는 고통과 괴로움이 계속되자 저는 이 모든 사실이 하나님의 따뜻한 사랑의 징계라는 것을 절감하고 그동안 경영하던 요정의 문을 닫고 인간과의 불의한 관계를 청산하고 하나님께 기도하기 시작했습니다.

　"주님! 어떻게 나의 인생이 이런 비극으로 끝마칠 수 있습니까? 사망의 포로된 저를 이 고통 속에서 살려 주시기만 하면 주님 위해 남은 생애를 병원전도 사업에 몸 바치겠습니다."

　갓난아이가 엄마의 젖을 찾듯 저는 수 주일 밤을 눈물로 지새우면서 간절히 기도했습니다. 1964년 6월 2일 나는 죽음 앞에 고요히, 경건하고 엄숙하게, 그리고 간절한 마음으로 주님께 내 영혼을 부탁하였습니다.

"오, 주님! 내 영혼을 주께 부탁하나이다."

나는 모든 것을 완전히 포기하고 말았습니다. 다만 내 마음에는 지금까지 주님을 위해 한 일이 전혀 없다는 부끄러움만이 꽉 채워져 있었습니다. 자리에 누워 주님의 모습을 찾듯 위를 바라보았습니다. 바로 그때 이상한 광경이 일어났습니다. 갑자기 뭉게구름 같은 것이 온 방을 채우는 듯하다가 파란 하늘이 보였습니다. 너무나 아름다워 주님이 막 나타나실 것 같았습니다. 그런데 갑자기 나의 아픈 상처인 방광 속에 큰 불덩이 하나가 쿵! 하고 떨어지는 것 같더니 그 부근이 심히 뜨거워서 견딜 수 없었습니다. 나는 너무나도 뜨거워 온 방을 헤매고 다녔습니다. 이 뜨거움은 나의 온몸으로 퍼졌습니다.

얼마 동안이었는지 나는 기억할 수 없었습니다. 차차 정신을 차려 보니 구름은 간 곳 없고 파란 하늘도 사라지고 나는 여전히 방에 누워 있었습니다. 그러나 나는 분명히 다른 세상에 있었습니다. 내 마음은 감격에 젖어 있었습니다. 나는 즉시 소변을 받아 보았습니다. 아! 꿈만 같았습니다. 건강한 사람의 그것이었습니다.

"나를 죽음에서 건져 주신 주님! 이제부터 영원히 주의 곁에 있겠습니다."

3일 후 국립의료원을 찾아갔습니다. 마침 거기에는 전에 나의 병을 진찰하신 적이 있는 김종설 박사님을 포함해 세 분의 의사들이 있었습니다.

"박사님! 내 병이 깨끗하게 나았습니다!"

나는 외치듯 말했습니다. 불신자인 김 박사님이 내 이야기를 듣고 "하나님의 계시로 병을 고쳤군요" 하고 말했습니다. 이때부터 사무실도 없는 병원전도 사역이 시작되었습니다. 의료인들이나 환자나 가릴

것 없이 만나는 대로 그리스도를 증언하는 일이 나의 사명이 되고 말았습니다. 이곳저곳에서 기적이 일어났습니다. 의심하던 주위 사람들도 크리스천이 되었습니다.

성령님의 놀라우신 권능이 나를 사로잡아 지금까지의 고통과 아픔이 순식간에 사라졌습니다. 주의 손으로 치료해 주신 체험을 통해 나는 주님께서 '황찬규'라는 인간이 미워서가 아니라 당신의 형상을 닮아 새사람이 되라고 이런 시련 속에 나를 두신 것임을 깨닫고 하나님께 감사와 영광을 돌렸습니다.

내가 느끼는 삶의 보람이 있다면 그것은 살아 있는 신앙을 통한 뜨거운 십자가의 사랑의 증거가 내게 있다는 것뿐입니다. 오늘도 복잡하고 근심 많고 난관이 덮치고 있는 세상을 살아가지만 이 세상을 지극히 사랑하셔서 그의 독생자를 보내 주시고 친히 그 아들이 십자가에서 죽으심으로써 온 인류 구원의 역사를 이룩하신 하나님의 손길에 이끌려서 한 걸음 한 걸음 천국을 향해 걷고 있습니다.

이것은 막연한 희망이나 단순히 '종교는 아편'이라고 하는 공산주의자들의 값싼 위안이 아니라 "세상에서는 너희가 환난을 당하나 담대하라 내가 세상을 이기었노라"(요 16:33)는 확신에 찬 주의 승리의 선언 속에서 "나를 따르라"고 부르시는 부르심에 그리스도의 작은 종으로서 응답하는 것입니다.

그러므로 내가 가지는 삶의 보람이란 세상의 영광이나 물질적인 풍요함이나 정신적인 지조나 철학적인 위안이 아니라 전혀 나는 할 수 없으나 주님께서 하실 수 있다는 그 믿음 속에 주시는 주님의 고귀한 은혜로 사는 것입니다. 그리하여 나의 삶의 종국이 어떻게 끝나든지 의의 면류관을 얻기까지 삶과 신앙의 경주에서 잠시도 쉬거나 퇴보할 수 없고 예수님의 인도하심을 받아 의료인들과 병상의 심령들을 복음화하는 데 전념을 다하기로 다시 한 번 되새기는 것입니다. 이에 한국병원선교회 50주년을 맞아 그동안 주님이 나를 불러 값진 훈련을 시켜 주신 생생한 체험담을 지면으로 고백할 수 있게 된 것을 진심으로 감사를 드립니다.

병든 심령들을 위하여 이 책을 다시 낼 수 있도록 여러 번 권유해 주시고 물질로 적극 도와주신 한국병원선교회 회장이시며 축령복음병원과 남양주병원 원장이신 신상철 장로님 내외분께 충심으로 감사를 드립니다.

그리고 이 글이 나오기까지 정성을 다하여 사랑과 기도를 쏟은 황한나, 황진철, 황단열 삼남매와 이 가정을 주님께로 신실하게 인도한 사랑하는 아내 신은자 권사에게 뜨거운 감사를 전합니다.

또한 한국병원선교회 창립 50주년 감사예배 때 이 책을 전 회원들에게 선물로 드리자고 간곡하게 부탁하신 본회 총무 방규오 장로님과 김화자 권사님께 진심으로 고마움을 전해 드립니다.

우리나라 전국과 각국에서 부족한 저를 위하여 기도해 주시고 변함없이 사랑해 주신 사역자님들께도 감사를 드립니다.

마지막으로, 어두움에서 빛으로, 절망에서 소망으로, 사망에서 생명으로 소생시키시고 병원 전도자로 부활시켜 주신 우리 주 예수님께 감사와 찬양을 드립니다.

할렐루야!

2017년 5월 13일
한국병원선교회 50주년을 맞이하여
한국병원선교회관에서
황찬규

차 례

추천의 글 4
머리말 10

제1장 나를 변화시키신 예수 그리스도

1. 어린 시절 20
2. 처음 신앙생활 23
3. 서울 상경과 타락의 골짜기로 27
4. 질병이 찾아옴 31
5. 성령으로 치유하심 37
6. 새로운 사명 40
7. 결 혼 43
8. 어려운 역경들 48
9. 비자를 받기까지 51
10. 로마 국제대회에서 선 어린 나귀 56
11. 영국 유학 시절 61
12. 성지순례와 유럽 전도 여행 68
13. 오스트리아 세계병원선교회 국제대회 강연 75
14. 신학을 공부하게 되다 77

제2장 병원전도에서 잊을 수 없는 환자들

1. 위암 환자 김영삼 씨 80
2. 살인수 변문제 씨 87
3. 무료병동의 김혜란 모매님 91
4. 친구 반재명 씨 95
5. 담배 피우던 강복삼 씨 99

Contents

  6. 죽음이 임박했던 최대관 씨 104
  7. 죽음 가운데에서 소생한 송공섭, 최창순 씨 107
  8. 버거스병 환자 이항구 씨 111

제3장 병원선교의 구체화
  1. 병원전도의 구체화 계획을 세우며 118
  2. 나의 동역자들 124
  3. 병원선교를 위한 센터의 건립 128
  4. 서독선교를 위해 김근철 지부장님과 134
  5. 워싱턴 정학수 총무님 댁에서 137

제4장 미국으로 떠나다
  1. 중공 선교를 위한 미국 시민권 140
  2. 미국에서 교회를 개척하다 143
  3. 교회에 나타난 하나님의 역사 148
  4. 아프리카의 선교 현장에서 155
  5. 목회 조기 은퇴 159

제5장 최후의 달려갈 길을 위하여

  1. 한국으로 다시 돌아오다 164
  2. 한국에서의 병원선교회 활동 167
  3. 국립암센터 사역 169
  4. 본부와 지부 사역에 대하여 171
  5. 세계병원선교회 70주년 한국대회 173
  6. 한국병원선교회의 주요 역사 및 현황 175

제6장 한국병원선교회가 배출한 사명자들
1. 방규오 장로(한국병원선교회 총무) 180
2. 김근철 목사(한국병원선교회 독일지부장) 186
3. 김종양 선교사(한국병원선교회 독일지부에서 파송) 188
4. 닥터 Masahiko Kibayashi(한국병원선교회 일본지부장) 193
5. 닥터 Narantsetseg(한국병원선교회 몽골지부장) 199
6. 김희진·김형원 선교사(한국병원선교회 회원) 202
7. 수많은 전도 및 선교 동역자들 206

제7장 병원선교란 무엇인가?

1. 병원선교의 세계적 사명 212
2. 병원선교의 효과적 방법 217
3. 병원선교의 특수 사명 223
4. 무엇을 전할 것인가? 225
5. 어떻게 전할 것인가? 227
6. 병원선교의 새로운 요원들 231

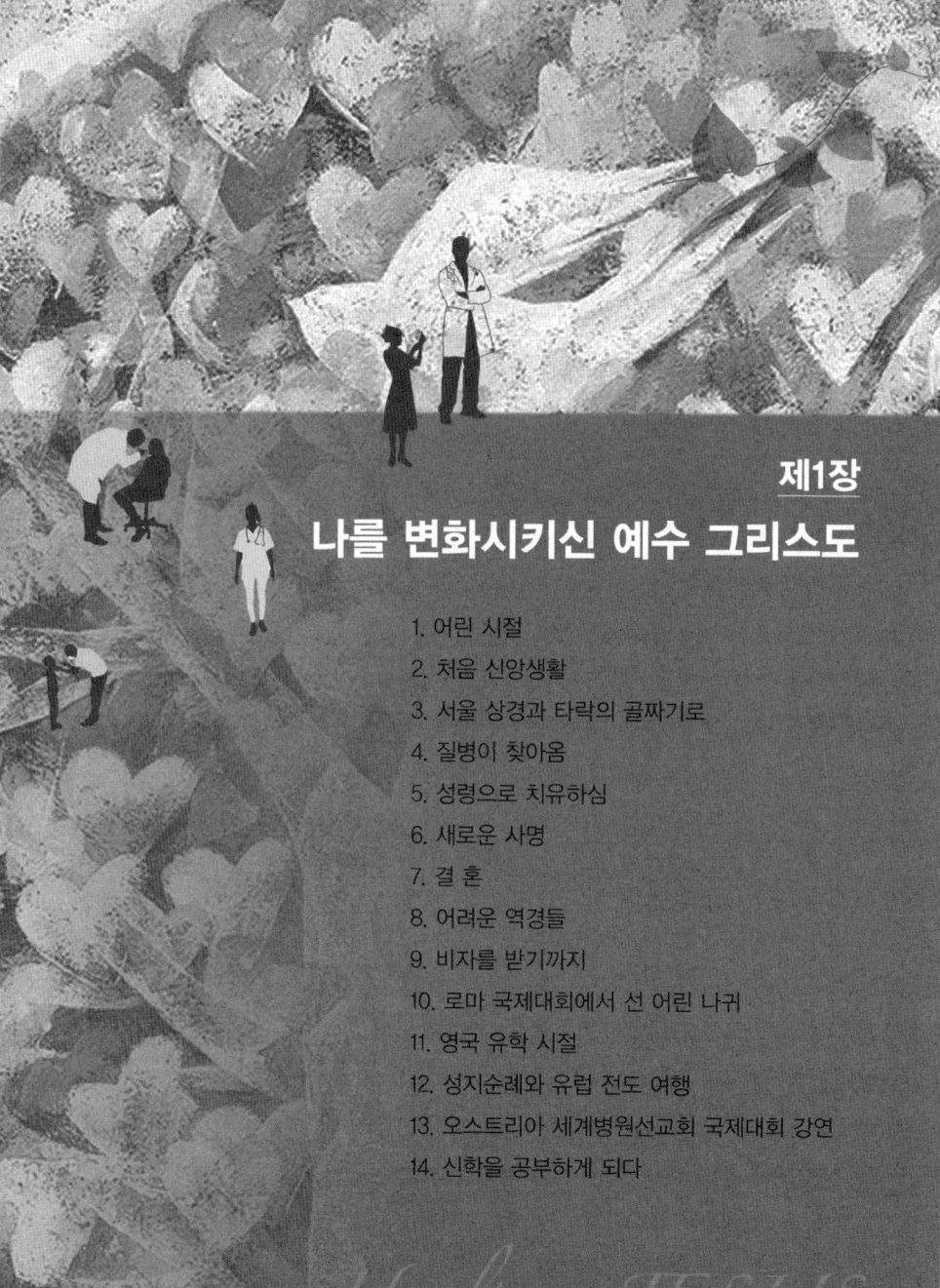

제1장
나를 변화시키신 예수 그리스도

1. 어린 시절
2. 처음 신앙생활
3. 서울 상경과 타락의 골짜기로
4. 질병이 찾아옴
5. 성령으로 치유하심
6. 새로운 사명
7. 결 혼
8. 어려운 역경들
9. 비자를 받기까지
10. 로마 국제대회에서 선 어린 나귀
11. 영국 유학 시절
12. 성지순례와 유럽 전도 여행
13. 오스트리아 세계병원선교회 국제대회 강연
14. 신학을 공부하게 되다

1

어린
시절

 옛날에 어린아이가 호랑이를 만났는데 자기가 몰고 가던 소가 호랑이와 싸워 호랑이를 죽여서 그 아이가 개선장군처럼 집으로 돌아왔다는 이야기를 들은 적이 있었다. 나도 호랑이를 만나 그렇게 멋진 경험을 해 보았으면 싶었다.
 어느 날 아버지께서 아침을 드시면서 우리 집 황소를 누님 집에 갖다 주라고 말씀하셨다. 누님 시댁에는 밭을 갈 소가 없었다. 그때 우리 집은 경상북도 영주시 대룡산 산골짜기에 있었고, 누님 댁으로 가려면 용암산 줄기인 줄포산을 넘어야 했다. 용암산은 나무들이 빽빽하게 들어서 있었고 호랑이가 나온다는 산이었다.
 나는 이때다 싶어 호랑이를 만날 생각을 하고 소를 뒷산에 매어 놓고 밤을 기다렸다. 해가 서편으로 기울고 산골짜기에 어둠이 완전히 덮였을 때 나는 슬슬 소를 몰고 줄포산을 넘을 준비를 하고 나갔다. 나무가 얼마나 우거졌는지 하늘이 보이지 않을 정도였다. 캄캄한 산 속 오솔길을 소를 앞세우고 따라갔다. 그런데 갑자기 숲 속에서 잠자던

꿩이 푸드득거리며 날아가는 바람에 얼마나 놀랐는지 간이 덜컹 떨어지는 줄 알았다.

그때부터 한 발자국 떼어 놓을 때마다 오히려 발자국 소리에도 놀라 온몸이 사시나무처럼 떨렸고 나의 머리카락은 하늘을 향하여 쭈뼛쭈뼛 뻗치는 것만 같았다. 앞서 가는 소도 놀란 양 제대로 걷지를 못했다. 아니, 놀란 정도가 아니라 숨소리가 얼마나 거칠고 가쁜지 그 소리를 듣는 나는 더욱 공포증에 걸려 죽을 지경이었다. 조금 더 가니 여우 우는 소리, 늑대 울부짖는 소리가 들렸다. 이럴 때 만일 호랑이가 나타난다면 나는 영락없이 죽겠구나 생각하니 나의 심장이 방망이질을 멈추지 않았다.

어린 심정이었지만 나는 인간의 나약함을 뼈저리게 느꼈다. 또 무엇엔가 의지하고 싶은 마음이 너무나도 간절했다. 그러면서 나는 무엇인지는 모르지만 그 무엇을 의지하지 않으면 살 수가 없음을 깨달았다.

나는 내 몸집의 몇 배나 되는 황소와 같이 간다면 아무리 무서운 산줄기라도, 호랑이가 나와도 무섭지 않을 것이라고 생각했었다. 그러나 내가 사랑하고 경외하던 힘센 황소가 기껏 꿩 1마리에 놀라는 모습을 바라보며 이 세상에는 의지할 것이 아무것도 없음을 깨달았다. 황소보다 센 어떤 절대자의 힘을 의지하고 싶은 갈망이 생긴 것이었다.

그 후 나는 대한예수교장로회 계통의 학교인 영주 경안중학교(이사장 강석일 장로님)에 입학해서 예수님에 대하여 들었는데 그분이 하나님의 아들이라는 이야기를 듣고 믿게 되었다. 그리고 영주제일교회(김성억 목사님)에서 예배를 드리며 성경을 배우기 시작하였다.

"참 빛 곧 세상에 와서 각 사람에게 비추는 빛이 있었나니 그가 세상에 계셨으며 세상은 그로 말미암아 지은 바 되었으되 세상이 그를 알지 못하였고 자기 땅에 오매 자기 백성이 영접하지 아니하였으나 영접하는 자 곧 그 이름을 믿는 자들에게는 하나님의 자녀가 되는 권세를 주셨으니 이는 혈통으로나 육정으로나 사람의 뜻으로 나지 아니하고 오직 하나님께로부터 난 자들이니라"(요 1:9-13)

나는 말씀을 배우는 가운데 하나님이 만물을 지으셨고 그 독생자(외아들) 예수님이 이 땅에 오셨으며, 그를 믿는 자에게 하나님의 아들이 되는 권세와 영광을 값없이 주신다는 말씀을 믿었다. 그러므로 이제 호랑이에게 물려도 죽지 않을 것이기에 너무도 기뻤다. 마음속에 기쁨이 샘솟아 어깨를 들썩이며 길을 걷고, 산에 올라 이 울창한 나무들과 모든 짐승을 다스리시는 하나님의 아들이 바로 나라는 생각에 가슴을 펴고 으스대며 혼자 기도하고 만족스러워하였다. 우리 집 황소를 믿던 내가 얼마나 바보스러웠는지….

다니엘은 하나님을 믿을 때 사자 굴에 들어가도 잡아먹히지 않았다. 다윗은 골리앗 장군을 돌멩이 하나로 맞혀 죽였다. 그리고 예수님은 무덤 사이에서 소리 지르던 힘센 거라사 귀신들을 내쫓아 2천 마리나 되는 돼지 속에 들어가게 하셨다. 성경을 배울수록 하나님을 믿는 일은 멋있고 재미있기만 하였다. 나는 옛날이야기보다 성경을 읽고 듣는 것이 더욱 좋았다. 어린 나는 말씀을 믿으며 좋아서 이리저리 괜스레 뛰어다니곤 했다.

2

처음
신앙생활

　그런 가운데 경안중학교를 졸업했고, 우리 가정이 농사를 짓기 때문에 농업을 공부하고 싶어 영주농업고등학교에 입학하였다. 그때 마침 대한예수교장로회 영주읍교회(권성문 목사님)가 천막을 치고 예배를 드렸는데, 나도 주님을 위해 조금이라도 일하고 싶어서 큰 교회에 가지 않고 이 천막 교회에 출석하기 시작했다.

　한번은 담임목사님이 집회에 가셔야 해서 구역예배를 인도할 사람이 없었다. 나는 목사님을 찾아가 "제가 구역예배 설교를 하겠습니다" 하고 자원해서 인도하겠다고 말씀을 드렸다. 목사님은 처음에는 어처구니없어 하시다가 잠시 후에 믿음으로 시키겠노라 하시며 나에게 설교를 맡기시고 부흥회 인도차 떠나셨다. 나는 베드로가 3천 명을 회개시켰을 때처럼 멋있게 설교할 것을 상상하며 신이 나서 준비를 하였다.

　구역예배는 어느 성도의 가정에서 있었다. 그곳에 가니 아주머니들과 학생들 틈에, 방학이라 서울에서 내려온 신학생도 끼어 있었다. 아주머니들과 할머니, 어린아이들까지는 괜찮았지만 신학생을 보고는 마음이 떨리고 말문이 막히기 시작했다. 하지만 바울 선생님과 스데반 집사님을 생각하며 큰 소리로 방바닥을 치면서 설교를 하였다. 한편에 앉아 있던 신학생이 조그만 까까머리 학생인 내가 하도 소리를 지르니까 킥킥 웃으면서도 잘했다고 칭찬을 해 주었다. 나는 하나님의 말씀을 전하라는 성경말씀대로 전할 수가 있어서 기쁘기만 하였다.

천막에서 예배를 드리자니 어려움이 많았다. 성도들이 차츰 늘어나자 목사님은 예배당 건축에 관한 설교도 하시고 온 성도들이 모여 예배당 건축에 힘을 기울이기 시작하였다. 나도 예배당 건축에 조그마한 도움이라도 되어야겠다는 생각에 학교를 수일간 결석하고 교회 벽돌을 만드는 데 참여하여 낙동강 상류 영주강변에서 벽돌을 찍어 냈다. 벽돌을 찍느라고 손이 부르트기까지 하였다. 그러나 전 교우들이 피땀 흘려 벽돌을 찍는데 나라고 빠질 수가 없었다.

그러던 어느 날 밤에 비가 억수같이 쏟아졌다. 비가 오니 벽돌이 걱정되어 잠을 제대로 잘 수가 없었다. 날이 새자 벽돌 쌓아 놓은 곳으로 달려갔다. 목사님과 몇몇 성도들도 나와 있었다. 밤새 내린 비로 며칠 동안 찍어 냈던 벽돌들이 홍수 속에 다 묻혀 버렸다. 다리 위에 서서 이 광경들을 내려다보니 눈물이 앞을 가로막았다. '하나님도 야속하시구나.' 나는 모든 것이 무로 돌아가는 커다란 고통을 느끼며 허탈한 가운데 며칠을 지냈다.

여러 날이 지나 물이 줄기 시작했다. 제일 먼저 다리 위로 뛰어가 두근거리는 마음으로 물이 줄어들기만을 기다렸다. 물이 거의 줄고 나니 그 많은 벽돌들이 모래 속에 그대로 파묻혀 있는 것이 보였다. 감격스러운 마음으로 모래를 헤쳐 보니 벽돌들이 별로 상하지 않아서 그대로 예배당 건축에 사용할 수 있었다. 하나님께 나의 믿음이 없음을 부끄럽게 여기며 다시금 감사를 드렸다.

"네가 물 가운데로 지날 때에 내가 너와 함께 할 것이라 강을 건널 때에 물이 너를 침몰하지 못할 것이며 네가 불 가운데로 지날 때에 타지도 아니할 것이요 불꽃이 너를 사르지도 못하리니"(사 43:2)

바다에 풍랑이 일어나 무서워 떠는 제자들에게 "어찌하여 이렇게 무서워하느냐? 너희가 어찌 믿음이 없느냐?"(막 4:40)고 꾸중하시던 말씀이 생각났다. 하나님께 다시금 믿음을 주신 것을 감사하게 여기며 하나님의 예배당을 지으면서 나는 나의 온 힘을 쏟고 사랑을 쏟고 정성을 쏟고 기도와 적은 물질이지만 다 쏟으면서 하나님을 날로 더욱 사랑하게 되었다.

이러한 사랑이 나를 사로잡자 나는 목회자가 없는 두메산골 농촌 교회(하천장로교회와 기타 교회들)를 다니면서 설교를 하였다. 20여 리나 떨어진 교회와 산골 교회를 찾아다니자니 자전거가 꼭 필요하였다. 하지만 집에서는 내가 교회에 다닌다고 많은 핍박이 있었기에 자전거를 사 달라고 할 수가 없었다. 아버지는 한번 화가 나시면 방문을 걸어 잠그고 내 옷을 다 벗긴 후 회초리로 얼마나 때리시는지 나는 몸과 마음이 너무 아파서 견딜 수 없어 벌거숭이로 집 담을 넘어 도망 나와 뒷산에 숨어 있다가 캄캄한 밤에 몰래 내려오기도 하였다.

그리고 집에서는 주일이 되어도 농사일을 계속하지 않으면 안 되었다. 농사일은 언제나 많이 밀려 있기 때문이었다. 이런 형편에서 부모님이 자전거를 사 주신다는 것은 하늘의 별을 따는 것보다 더 힘들 것 같았다.

그래서 나는 기도 중에 부근에서 벌어지고 있는 사방공사를 생각하게 되었다. 나는 그 즉시 공사장으로 가서 돌을 지고 산을 깎는 일에 발 벗고 나섰다. 약 1달 정도 노동을 하니 중고 자전거를 살 수 있는 돈이 되었다. 그렇게 구입한 그 자전거를 타고 다닐 때의 감격은 지금도 나의 뇌리에서 사라지지 않는다.

나는 식구들로부터 귀여움을 독차지하고 있었지만 내가 예수를 믿게 된 후로는 아버지를 비롯한 어른들로부터 또 다른 냉대를 받기 시작했다. 그 이유는 내가 절대로 제사에 참석하지 않기 때문이었다. 죽은 후에 제사도 드리지 않을 자식은 아무 쓸데가 없다고 탄식하시는 아버지를 달랠 길이 없었다. 나는 기도하는 가운데 좋은 생각을 해내었다.

어느 날 아버지가 주무시는데 과일을 사다가 아버지 머리 앞에 놓고 절을 하였다. 아침에 일어나서 아버지께 "어제저녁에 제가 아버지 잡수시라고 과일을 사 놓고 절을 올렸는데 잡수셨나요?" 하고 여쭈어 보았다. 아버지는 의아해하셨다. 나는 자신 있게 말씀드렸다. "그것 보세요. 제가 불을 켜 놓고 아버지 머리맡에서 그렇게 여러 번 절을 올려도 아버지는 의식도 못 하시고 주무시고 계시던 걸요!"

이렇게 나는 아버지의 무서운 박해 속에서 나의 믿음이 자라남을 깨달았고, 환난과 시험과 핍박이 믿음의 성장에 중요하다는 것도 깨달았다.

"의를 위하여 박해를 받은 자는 복이 있나니 천국이 그들의 것임이라 나로 말미암아 너희를 욕하고 박해하고 거짓으로 너희를 거슬러 모든 악한 말을 할 때에는 너희에게 복이 있나니 기뻐하고 즐거워하라 하늘에서 너희의 상이 큼이라"(마 5:10-12)

이 말씀을 생각하면서 나는 도리어 기쁨에 찬 생활을 할 수 있었다.

3

서울 상경과
타락의 골짜기로

    나는 사촌 형이 경북대학에 진학하는 것을 보면서 나도 대학에 가고 싶은 마음이 굴뚝같았으나 우리 집은 소농을 하기 때문에 불가능했다. 더구나 예수 믿는다고 집안에서는 내가 고등학교 졸업 후 진학의 문을 완전히 막아 놓았다. 나의 안타까운 마음은 이루 말할 수 없었다. 나는 하나님 앞에 기도하며 비장한 마음을 먹고 모든 것을 주님께 의탁하는 심정으로 서울로 향했다. 서울에 누님이 살고 계셨다. 나는 일단 누님 댁으로 들어갔다.

    매형의 도움으로 '근로시보사'라는 곳에 취직이 되었다. 하지만 이곳은 주일에도 쉬지 않고 일을 하는 곳이었다. 나는 전무로부터 주일에도 출근하여 일을 하라는 지시를 받았다. 취직 후 첫 주일이 되었다. 아침 기도를 드리면서 생각하니 주일에 주일을 지키지 않고 근무를 한다는 것은 나의 신앙 양심적으로 도저히 허용할 수가 없었다. 한참을 갈등하며 망설였다. 망설임 가운데 출근 시간이 지나갔다. 마음이 홀가분해지는 듯했다. 나는 성경책을 들고 직장 대신 교회로 발걸음을 돌렸다.

그다음 주일에도 나는 직장에 가지 않고 교회로 갔다. 회사 전무가 벌컥 화를 내며 주일날 나오지 않으면 일에 지장이 많으니 결근하지 말고 꼭 나오라고 강요했다. 직장을 그만두자니 당장 생계가 문제이고 다니자니 주일을 지킬 때마다 오는 번민이 커져 갔다. 나는 너무나 고민이 되었다.

내 힘으로 결정하기가 힘들어 주의 종의 권고를 듣고 싶었다. 을지로에 있는 어떤 교회를 찾아갔다. 그곳 목사님께 나의 자세한 이야기를 말씀드렸더니 회사 사정상 피치 못할 경우라면 주일에도 일을 하면서 근무해도 된다고 말씀해 주셨다. 그래서 다시 근무하기로 작정하였다.

하지만 귀가하여 생각하니 '안식일을 지키라'는 말씀이 자꾸 떠올라 신앙 양심상 도저히 허락되지 않았다. 결국은 그 목사님의 말씀을 무시하고 내 신앙 양심에 따라 그 회사를 그만두고 말았다. 김동수 매형의 도움으로 어렵게 취직이 되었기 때문에 매형에게 미안하기는 했지만 어쩔 수 없었다.

나는 새벽마다 공덕동장로교회에 나가서 눈물로 기도하였다. 어느 날 공덕동교회 장로님께서 애달프게 기도하고 있는 나에게 다가오셨다.

"형제의 집은 어디 있습니까?"

"저는 집이 없습니다."

"그럼 무슨 어려움이라도…?"

"예, 있습니다."

"무엇인가요?"

"말씀드리기 곤란하오나, 주일 근무 관계로 회사를 그만두고 주일에 안식할 수 있는 직장을 달라고 기도하고 있습니다."

그때 문득 장로님께 말씀드려 주일날 광고 시간에 나가서 나의 개인 사정을 성도들에게 이야기하여 도움을 받고 싶은 생각이 들었다. 장로님께 말씀드렸더니 장로님은 당회장 목사님과 의논하시더니 쾌히 승낙해 주셨다. 다음 주일 광고 시간에 나는 성도들 앞에서 10분 정도 나의 어려운 사정 이야기를 할 수 있었다.

예배가 폐한 후 본 교회 다른 장로님 한 분이 나를 찾아주셨다. 그 장로님은 회사를 경영하고 계셨으며 나에게 자기 회사에 나와 일을 하라고 권하셨다. 나는 기쁜 마음으로 "그럼 장로님 회사에서는 주일날 안식할 수 있겠죠?" 하고 물어보았다. 그런데 장로님의 표정이 굳어지며 "쉴 때도 있고 일을 할 때도 있지, 어떻게 주일이라고 꼭 쉴 수 있겠나?" 하고 말씀하셨다. 나는 놀라움에 "그럼 주일을 꼭 지킬 수 없단 말입니까?" 하고 반문하였더니 장로님은 도리어 의아한 표정을 지으셨다. 나는 단호하게 "그래요? 그럼 저는 장로님 회사에 들어갈 수 없습니다" 하고 거절하였다. 장로님은 별 사람 다 보겠다는 비웃음의 눈초리를 주고 가 버렸다.

나는 심히 고독하였다. 목사님도 장로님도 나의 심정을 이해해 주지 못하였다. 이런 갈등으로 인한 괴로움과 어려움은 나에게 너무 고통스러운 일이었다. 고구마로 끼니를 이으면서 책장사를 하였다. 삼복더위 뜨거운 햇살에도 지칠 줄 모르고 책을 판매하며 주님의 뜻을 따라가는 신앙생활을 하려고 갖은 노력을 다하였다. 신발이 다 떨어지면 남대문시장에서 200원짜리 헌 구두를 사 신고 다녔다. 이런 가운데 고학을 하면서 눈물겹게 건국대학교 정치외교학과를 졸업하게 되었다.

그러다가 나는 김하태 박사님과 백낙준 박사님을 알게 되었다. 당시 정국은 4·19 혁명으로 혼란에 빠져 있었다. 4·19 혁명 부상자를 위하여 헌혈을 하기도 하였으며, 그때부터 세상 정치에 눈을 돌리기 시작하였다. 4·19 이후 참의원 선거 때 백낙준 박사님을 힘껏 도왔다. 7월의 뜨거운 햇살을 맞으며 온몸을 땀에 듬뿍 적시면서 백낙준 박사님의 참의원 당선을 위하여 열변을 토했다. 그리하여 백낙준 박사님이 서울에서 최다득표로 당선되자 나의 꿈은 부풀어 오르기 시작하였다.

나는 김도연 박사님, 유진산 씨, 서민호 씨 등 여러 정치인들을 만나서 백낙준 박사님을 참의원 의장에 천거해 줄 것을 간청하고 다녔다. 밤늦도록 김도연 박사님 댁에서 진지한 의논을 하고, 밤 12시가 될 무렵 연세대학교 공관에 있는 백낙준 박사님 댁에서 최이권 여사님(백 박사님 부인)과 의논한 후 통행금지가 넘어서 집에 돌아오기도 하였다.

그 후 백 박사님과 최이권 여사님은 나를 무척 사랑하시어 백 박사님이 미국 방문 때 미 국무성으로부터 받은 의복 천을 나에게 선물하셨다. "수천 명의 제자가 있지만 황 군같이 모든 것을 헌신하는 제자는 없어"라며 칭찬을 아끼지 않으셨다. 나는 정치에 더욱 매력을 느끼기 시작하였다.

이로부터 나는 교회에 나가는 횟수가 차차 줄어들게 되었다. 사교랍시고 조금씩 술을 마시기 시작한 것이 모든 생활에서 주님을 떠나는 생활로 걷잡을 수 없이 변화되어 가게 만들었다. 과거에 가졌던 그 극성스러운 믿음은 어디로 갔는지 다 사라져 버렸다. 그러면서 국회의원 중진(김도연, 유진산, 서민호 의원)들과의 접촉이 잦아졌다.

나는 장차 경북 영주에서 국회의원으로 출마할 것을 생각하면서 돈을 벌기 위해 용산구 원효로에 한일옥이라는 요정을 차렸다. 마담을 두고 여종업원을 고용하여 요정업을 시작하였는데 제법 돈이 잘 벌렸다. 나는 정치와 유흥에 빠지게 되었다. 수년간 이런 생활에 젖어 시간 가는 줄 모르고 있었는데, 어느 날 소변을 보는데 몹시 심한 통증이 느껴지면서 피가 섞여 나오는 것이 아닌가!

4

질병이 찾아옴

    갈수록 통증은 조금씩 더해 가고 피가 나오는 양도 많아졌다. 나는 심각한 마음으로 피를 받아서 세균과 과장 박승함 박사님에게 검사를 의뢰하였다. 검사한 결과, 소변에서 갖가지 세균이 발견되었다고 하였다. 이에 의사가 지시하는 대로 치료를 받았지만 고통은 더해 갔다. 국립의료원에서 엑스레이를 20여 번 찍었으나 확실한 진단을 받을 수가 없었다.

    박승함 박사님은 나를 서울대학교 비뇨기과 주근원 박사님에게 소개해 주셨다. 이곳에서 방광경으로 방광을 보기 위해 기계를 협착한 요도 속으로 집어넣을 때 난 온몸이 다 부서지는 듯한 고통을 느꼈다. 여러 가지로 진료를 하고 치료를 하여도 병세는 점점 악화되어만 갔다. 나는 너무나도 괴로워 밤마다 방성통곡하며 신세타령을 하였다. 급기야 점점 더 많이 쏟아져 나오는 피가 응고되어 요도를 막았기 때문에 소변을 볼 수조차 없었다. '아차! 나는 죽었구나!' 하는 생각이 번쩍 들었다. 생각만 해도 가슴이 서늘해져 왔다. 죽음의 그림자가 나를 덮칠 때면 나는 두려움과 공포심에 밤잠을 이루지 못하고 불안의 심연에서 헤매어야만 했다.

다시 고대 우석병원 비뇨기과 과장으로 계시는 김세경 박사님을 소개받고 진찰을 받았다. 방광 속에 작은 혹들이 수없이 많이 돋아 있다고 하였다. 이 혹들이 터지면서 계속 피가 흘러나오는 것이라고 하였다. 혹이 계속 돋아나와 피가 흐르게 되면 나는 피를 다 쏟고 쓰러져 죽게 되는 것이다. 최후의 방법으로 이 혹들을 전기로 쇠붙이를 달군 기계를 사용하여 다 지져 일단 방광 벽을 태워 버리기로 하였다. 김세경 박사님의 집도로 전기기계를 협착한 요도로 넣을 때 하늘이 샛노래지기 시작했고 온몸이 아프다 못해 경련이 일어났다.

나는 나도 모르게 주님을 찾지 않을 수 없었다. 마음을 모아 하나님을 찾았고 갈보리에 서 계신 예수 그리스도를 찾았다. 십자가에 달리시어 "엘리 엘리 라마 사박다니!" 하시며 고통 속에서 부르짖고 계시는 예수 그리스도를 쳐다보았다. 못이 박힌 두 손과 발에서 흐르는 피와 가시에 찔려 피가 낭자한 머리, 창에 허리를 찔려 붉은 선혈이 흐르는 예수님의 모습과 그분의 고통을 생각하였다.

그의 고통은 누구를 위한 고통이셨는가? 이에 강퍅했던 나의 심령이 새롭게 변화되기 시작했다. 나는 한없이 초라해지고 벌레같이 죄악 가운데 빠져 있는 나의 모습을 발견하게 되었다. 인간을 위한 주님의 크고 풍성하신 은혜로 무엇인가 다시금 깨닫는 듯했다. 나의 눈에는 한없는 눈물이 흐르고 있었다.

"아! 주님! 나는 구더기만도 못 한 더러운 인간입니다. 나를 용서해 주옵소서. 구더기는 다리도 없고 발도 없지만 저 높은 곳을 향하여, 위쪽을 향하여 올라가지요. 그러다가 수없이 떨어지기도 하지만 떨어지면 다시 올라가서 드디어 광명한 이 세상에 올라와 뙤약볕에 뒹굴다가 파리로 변하여 날아갑니다. 하지만 나는 죄악의 세상, 죽음 가운데의 인생살이에서 주님을 알고 주님의 인도하심을 받는 복된 삶을 살다가도 다시 더러운 죄악의 구렁텅이에서 허우적거리며 죽음을 기다리고 있습니다. 주님! 날 긍휼히 여기소서! 주님! 나를 위하여 피 흘리시고 고통을 당하시고 드디어는 부활하신 예수님을 다시금 바라봅니다. 주님! 탕자가 이제야 돌아옵니다!"

수술이 진행되고 있는 동안에 나는 그리스도를 향하여 눈물을 흘리며 계속 기도를 드렸다. 수술이 끝난 후 피가 세숫대야 하나 가득 채워진 것을 보았다. 그 피를 바라보는 순간 내가 흘린 피는 나의 죄의 대가임을 생각하게 되면서 구역질이 날 것 같았다. 그렇다. 이제는 나의 더러운 피가 다 쏟아졌다. 고귀하신 예수님의 깨끗한 피가 나의 혈관 속으로 흐르고 있음을 생각할 때 매우 기쁘고 감격하지 않을 수 없었다.

며칠이 지났다. 하지만 통증은 여전히 나의 온몸을 엄습하고 있었다. 피도 계속 흘렀다. 하지만 이제는 고통이 찾아올 때마다 주님의 고통을 떠올렸다. 예수님께서 날 위해 돌아가셨다는 생각을 하게 되니 수술 전에 가졌던 그렇게도 큰 불안이 없어졌다.

그리고 조용히 내 자신을 바라보면서 회개하는 심령을 가지게 되었다. 이제 퇴원하면 교회를 다시 나가야겠다고 마음먹었다. 서울중앙교회(윤봉기 목사님)에 나가다가 충현교회(김창인 목사님)에서 성가대와 주일학교 교사를 하다가 경동교회에 나간 것이 내가 교회를 다녔던 마지막이었다.

맥주 한 잔을 마신 것이 원효로에 요정을 차리는 일로까지 발전되었으며, 한 개비 담배를 사교랍시고 마지못해 피운 것이 한 갑 두 갑 매일 피우게 되었다. 그 결과로 지금 나는 이와 같이 육신적으로나 심령적으로 만신창이가 된 것을 생각할 때 주님 앞에 한없이 송구한 마음을 가지게 되었다.

이제 나는 커다란 돌집으로 된 웅장한 교회에는 감히 나갈 수도 없는 존재임을 깨달았으며, 나약해지기만 하는 가운데 애통하는 심령으로 주님 앞에 머리 숙이고 기도하는 일 외에 그 어느 것도 할 수 없는 자임을 절감하게 되었다. 전기치료는 별 효과가 없었고, 나는 요정사업으로 번 돈을 가지고 장만한 옥수동 집에서 죽을 날만 기다리고 있게 되었다.

어느 날 옆집 아주머니가 내 소식을 듣고 찾아오셨다. 병석에 누워 있는 나를 보고 기도해 주겠다고 하셨다. 나는 지푸라기라도 잡으려는 심정으로 매달려야 하는 형편이므로 쾌히 승낙했다. 그런데 이 아주머니가 기도를 하는데 이상한 말로 기도를 하고 있었다. 영어도 아니고 중국어도 일본어도 아닌, 내가 처음 듣는 이상한 말이었다. 나는 심히 불쾌하였다. 어떤 무술적인 요소로 나를 사로잡으려고 하는 것 같은 생각에 기분이 아주 나빴으나 죽어 가는 처지에 화를 낼 기운도 없고 기도가 끝나기만을 기다렸다.

기도가 끝난 후 이 아주머니가 이상한 외국어를 한 것에 대하여 물었다.

"아주머니, 지금 기도한 소리는 어느 나라 말인가요?"

"예! 천국 방언입니다."

"천국 방언이요? 천국 방언이 무엇입니까?"

"저도 잘 모르겠는데요. 기도하는 가운데 하나님께서 주시더군요."

나는 이 말을 듣는 순간, 기도 받을 때 불쾌했던 감정이 사라졌다. 절대적이며 전능하신 하나님을 생각할 때 가능한 일임을 느꼈고, 오순절 날 성령을 받고 갖가지 방언을 말하며 술 취한 사람과 같았더라고 하는 말씀이 생각나 평정을 되찾을 수 있었다. 그 아주머니는 화제를 바꾸어 나에게 물었다.

"그런데 선생님, 어느 교회에 나가시는지요?"

"아직 일정한 교회가 없습니다. 그렇지 않아도 이번 질병으로 고통받는 동안 다시 교회에 열심히 다녀야겠다는 생각을 하고 있답니다."

"그래요? 아이구 감사합니다."

아주머니는 매우 반가운 얼굴로 나에게 접근하였다.

"선생님, 내가 나가는 교회에 한번 가지 않으시겠어요? 오는 주일날 제가 모시러 오겠습니다."

아주머니는 매우 기뻐하며 돌아갔다. 외모로 보기에는 초라하기 짝이 없어 보이고 무식한 분 같았지만 어딘지 모르게 온화함과 사랑의 충만함과 알 수 없는 어떤 힘을 가지고 있는 것을 느꼈다. 나는 주일이 되기를 기다렸다.

주일 아침 일찍 아주머니가 약속대로 찾아오셨다. 아주머니는 나를 금호동 산꼭대기에 있는 천막 교회로 인도하셨다. 이를 악물고 몸이 불편한 것을 참으며 아주머니를 뒤따라갔다. 교회에 들어가니 온몸에 힘이 빠지고 식은땀이 흐르고 가뜩이나 좁은 교회가 더욱 답답하게 생각되어 견딜 수가 없었다. 주님께서 나에게 지탱할 수 있는 힘을 달라는 간절한 기도가 흘러나왔다. 설교하는 이의 얼굴도 제대로 보이지 않았다.

목사님이 힘찬 설교를 시작하셨다. 말씀을 듣고 있노라니 나의 마음에 많은 감동과 알 수 없는 힘이 솟아나는 것을 느꼈다. 나는 당분간 이 교회에 다니기로 결정하였다. 이 교회는 대한예수교장로회 베다니교회(최복규 목사님)였다. 최 목사님께서는 나를 반가이 맞아 주셨고, 여러 성도들도 부족한 사람을 위하여 간절하게 기도를 드려 주었다. 나는 이곳에서 그리스도의 뜨거운 사랑을 목사님과 교우들의 기도를 통하여 뼛속 깊이 느낄 수 있었다.

나의 병은 그 후로 계속 악화되어만 갔다. 국립의료원 동7병동 7호실에 입원하여 다시 엑스레이를 여러 번 찍고 치료를 받았으나 효과도 없이 더욱 고통이 심해지기만 했다. 병원에서도 더 이상 손을 쓸 수가 없게 되었다. 병원에서도 있을 필요가 없게 되자 퇴원하여 옥수동 집으로 돌아왔다. 그런데 몸을 제대로 움직일 수조차 없어서 하는 수 없이 염치를 무릅쓰고 나를 간호해 줄 수 있는 누님 댁으로 갔다. 기도하다가 그곳에서 생을 마치기로 작정하였다.

　누님 댁에 가니 누님은 병으로 만신창이가 되어 죽어 가는 동생을 보고 방성통곡을 하며 우신다. 질병으로 인한 고통도 고통이려니와 누님과 매형을 보니 심적인 고통이 나를 더욱 괴롭힌다. 눈물로 밤마다 주님께 울부짖을 수밖에 없었다. 나는 다른 사람들과는 동떨어진, 버림받은 인간처럼 느껴지기만 했다. 하지만 자살을 하면 지옥에 떨어질 것 같은 두려움에 자살도 할 수 없었다. 천국과 지옥이 있다는 것이 나를 괴롭게 만들었다.

　이럴 수도 저럴 수도 없는 지경 가운데서 자살하지 않고 살자니 육신이 너무 괴로웠다. 피가 요도를 흐르는 중 응고되어 소변을 볼 수가 없었다. 그때의 고통은 말로 표현하기가 어려울 정도이다. 나의 온몸이 부서지고 뼈가 녹는 것과 같은 고통의 시간들이 계속되니 하루가 천년같이 지루하였다.

　비록 다리는 절룩거리지만 구걸하러 다니는 건강한 거지가 부럽기도 했다. 거의 4년 동안이나 고통 속에서 병마와 싸워 나가자니 지칠 대로 지쳤다. 이러한 가운데 목사님을 비롯한 여러 교우들과 친구들이 늘 방문하여 뜨거운 기도와 말씀을 주시매 이로 인하여 하나님의 능력을 믿는 가느다란 소망을 갖게 되었다.

　"죽은 나사로를 무덤 가운데서 살리신 예수님! 야이로의 딸을 살리신 예수님! 열두 해를 혈루병으로 피를 흘리던 여인을 고치신 예수님! 나인 성에서 과부의 독자를 관 속에서 살리신 예수님! 갖가지 질병과 고통과 악귀 들린 자를 많이 고치시며 또 많은 소경, 앉은뱅이, 중풍병자를 고치신 예수님의 능력으로 저를 고쳐 주소서!"

　나는 연약하나마 간절하게 간구하게 되었다.

5
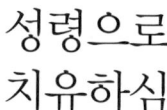

성령으로
치유하심

카테테르(요도 속에 넣는 작은 관)를 통하여 피와 소변을 빼내었지만 얼마 못 가서 카테테르에 피가 응고되었다. 카데타도 다 빼 버리고 약도 버리고 이제는 막다른 길목에서 주님께 부르짖었다.

"주님이시여! 정말 하나님이 계십니까? 지옥이 있습니까?"

나는 반항적으로 주님께 기도했다. 그러던 어느 날 기도하는 중에 하나님과의 관계, 사람과의 관계, 물질과의 관계에서 아직까지 회개하지 않은 것을 회개하라는 말씀이 들려오는 듯했다.

나는 불현듯 일어나 택시를 타고 아직까지 폐업을 하지 않고 영업을 계속하고 있는 원효로2가 영업소로 달려갔다. 갑자기 고구마로 끼니를 때우던 생각이 떠올랐다. 돈 몇 푼을 벌기 위해 농촌에서 흙을 파며 고생하시는 부모님의 모습이 어른거렸다. 하지만 담대하게 마음을 먹고 주님의 말씀에서 벗어났던 생활을 회개하는 심령으로 유흥업소 허가증을 떼어 내 산산이 찢어 버렸다. 마담과 종업원들이 병이 나더니만 이젠 돌아 버리지 않았냐며 반박하며 소란을 피웠다. 갑자기 오갈 데

없이 된 그들은 나를 죽이려는 듯 덤벼들었다. 그러나 내 마음 가운데에는 주님이 나를 지켜 주실 것이라는 확신이 들어 도리어 홀가분하며 두려움이 없어졌다.

간신히 종업원들의 아우성을 뚫고 집에 오니 이번에는 여러 곳에 부채를 진 것이 생각났다. 다시 아픈 몸을 이끌고 이리저리 다니며 모든 빚을 깨끗이 청산했다. 마음이 그렇게 기쁠 수가 없었다. 세상의 욕심과 유혹을 물리치는 듯했다. 이 일을 하고 나니 하나님 앞에 청결하고 가난한 심령으로 나아갈 수 있었다. 공허한 심령으로 주님께 다시 기도하기 시작했다.

"주님! 그동안 세상 가운데에 얽매여 있던 저를 용서해 주시옵소서. 이제 저에게는 가진 것도 없고 다만 죽음만이 있을 뿐입니다. 주님! 하지만 나의 인생이 이런 비극으로 끝마쳐질 수 있겠습니까? 주님이시여! 사망의 포로된 저를 이 고통 속에서 살려 주시기만 한다면 주님 위해 남은 생애를 병원전도 사업에 몸 바치겠습니다."

나는 눈물로 밤을 지새우며 여러 날을 주님께 매달렸다. 그러다가 더 이상 기도할 힘도 없어 모든 문제를 주님께 완전히 맡기게 되었다. 나는 고요히 그리고 간절한 마음으로 주님께 내 영혼을 부탁드렸다.

절망의 순간순간을 보내던 어느 날, 자리에 누워 주님의 모습을 찾듯 위를 바라보고 있었다. 그런데 갑자기 하얀 구름이 방 안에 가득하더니 푸르른 하늘이 보였다. 그 순간 내 방광 부근에 크고 뜨거운 불덩이가 하나 떨어지는 것처럼 느껴졌다. 점점 더 뜨거워져서 견딜 수가 없을 정도였다. 이 뜨거움이 온몸으로 퍼져 나갔다. 이윽고 흰 구름도, 파란 하늘도 사라졌다. 그러나 나는 알 수 있었다. 아까와는 다른 세상에 내가 속해 있다는 사실을.

내 몸이 깨끗해지고 새롭게 변화를 받은 듯했다. 질병으로 인한 아픔이 거의 사라졌다. 뛸 듯 날 듯한 기분으로 화장실로 달려가 소변을 보았다. 얼마 전까지도 피가 흐르던 것이 노오란 소변으로 변해서 나왔다. 이젠 건강한 사람이 되어 있었다. 달력을 보니 1964년 6월 2일이었다.

하루 이틀 사흘 계속 소변을 보았지만 계속 정상이었다. 하늘을 쳐다보니 예전에 내가 보던 하늘이 아니었다. 이 세상도 예전의 세상이 아니었다. 나는 주님과 함께하는, 주님의 능력과 주님의 창조하심과 통치 아래 완전히 사로잡혀 있는 새로운 세상을 보게 되었다. 모든 것이 새롭기만 했다. 나에게 새로운 생명을 주님은 주셨다.

나의 생명을 주님으로부터 새롭게 부여받은 것이다. 요한복음에 나오는 말씀대로 물과 성령으로 거듭나는 체험을 했다. 할렐루야! 할렐루야! 영광을 하나님께 돌리고 누님께 내 이야기를 했더니 "네가 믿는 예수님이 살아 계시는구나" 하시면서 교회에 나가겠다고 하셨다.

3일 후 뛸 듯한 걸음으로 국립의료원 내과 과장실로 갔다. 마침 거기에는 전에 내 병을 진찰하신 적이 있는 김종선 박사님을 포함하여 세 분의 의사들이 계셨다.

"박사님! 내 병이 나았습니다!"

나는 외치듯이 말했다. 김 박사님은 의아한 표정으로 나를 바라보시는데 돌지 않았느냐는 듯한 모습이었다. 나는 차근히 퇴원 후 나에게 일어났던 일을 말씀드렸다. 성령을 받은 후 모든 질병이 완치되었다고 이야기해 드렸다.

나에게 일어난 놀라운 사실을 확인하신 김 박사님은 "하나님이 계시고 하나님이 병을 고치셨군요" 하시며 하나님을 믿겠다고 약속하셨다. 간호사들 모두가 하나님이 살아 역사하심을 믿으며 이구동성으로 하나님께 영광을 돌렸다. 나는 너무 기뻐 날아갈 것 같았다. 예수님께서 이 땅에 오셔서 이루신 능력이 지금도 성령으로 이곳에서 이루어짐을 볼 때 할렐루야 외치며 내 몸을 어디에 두어야 할지를 몰랐다. 그저 이곳저곳 뛰어다니며 이 사실을 말하지 않고는 견딜 수가 없었다.

6

새로운
사명

"하나님이 주를 다시 살리셨고 또한 그의 권능으로 우리를 다시 살리시리라 … 너희 몸은 너희가 하나님께로부터 받은 바 너희 가운데 계신 성령의 전인 줄을 알지 못하느냐 너희는 너희 자신의 것이 아니라 값으로 산 것이 되었으니 그런즉 너희 몸으로 하나님께 영광을 돌리라"(고전 6:14, 19-20)

이제 나의 몸은 나의 것이 아니었다. 주님의 피 값으로 사신 바 된 주님의 것이었다. 나는 이 몸으로 주님께 영광 돌리는 일을 해야만 했다. 거라사인의 지방에 있던 귀신 들린 자가 이리 뛰고 저리 뛰며 제 몸을 상하게 하고 있을 때 예수님께서 그 몸 안의 귀신들을 내쫓으셨다. 그 사람은 하나님께 큰 영광을 돌렸고, 정신이 온전해진 뒤 데가볼리에 가서 예수님을 전파하였다. 세상의 출세, 정욕, 물질의 귀신으로 붙잡혀 나의 몸을 죽을 지경에까지 끌고 간 것을 주님께서 깨끗하게 해 주셨다.

나는 나에게 이루어진 일을 병상에서 나와 같이 신음하는 사람들, 더욱이 여러 가지 세상 귀신들에 매여 몸을 상하게 하며 고생하는 사람들에게 전해야만 한다는 마음이 강해졌다. 또한 이웃들, 친척들과 친지들에게 이 사실을 전하지 않고는 견딜 수가 없었다. 4년을 병상에 있으면서 나의 몸은 말할 수 없을 정도로 여위었고 피부도 창백했으며 피도 모자라 주위에서는 당분간 요양할 것을 권했지만 나의 질병을 고쳐주신 주님께서 어찌 이 연약한 몸쯤 지탱해 주시지 않을쏘냐 하는 생각이 강하게 들었다.

나는 믿음을 가지고 다시 국립의료원 생화학실에 근무하면서 퇴근 후에는 전 병동을 돌아다니며 환자들과 간호사들에게 이 사실을 전하고 예수님을 믿으라고 외쳤다. 놀랍게도 치유의 기적, 뜨거운 성령의 체험을 하고 난 후 많은 결신자가 있었다. 나로서도 너무 놀랍기만 하였다. 주님은 나같이 죄악 된 자를 통해 이렇게 귀하게 역사하심을 바라보며 나는 더욱 크게 주님께 영광을 돌렸다.

예수님이 이 땅에서 도를 말씀하시며 12제자와 많은 무리들을 가르치시고 천국 복음을 전파하실 때 무리들은 참으로 강퍅한 마음으로 하나님을 조롱하고 그나마 믿으려고 하는 사람들도 말씀이 어렵다며 어리둥절해하지 않았는가? 더욱이 수제자 베드로도 예수님이 군병들에게 체포되셨을 때 세 번씩이나 예수님을 부인하였으며, 제자들은 도망갔으며, 어느 제자는 감람산에서 예수님이 잡히실 때 걸치고 있던 홑이불마저 벗어 버리고 달아나지 않았던가! 하지만 오순절 다락방에서 120성도가 불같은 성령을 받고 난 후 베드로가 나와 설교할 때 이날에 예수님 제자의 수가 3천이나 더해졌던 일이 새롭기만 했다.

사람의 사정을 사람의 속에 있는 영 외에는 알 수 없듯이(고전 2:11), 하나님의 사정도 하나님의 영 외에는 알 수가 없다. 하나님의 성령으로만이 하나님 나라를 참으로 알 수 있고 믿을 수 있음을 생각할 때 많은 결신자들이 주님을 믿기로 한 것은 나의 말로써가 아니라 성령의 역사였음을 굳게 믿고 주님께 크게 영광을 돌렸다. 또한 물 붓듯 성령을 내려 주시매 내가 이제 어느 시대에 살고 있는지 어렴풋이나마 깨달을 수 있었다.

　나는 이 놀라운 사실에 더욱 감동되어 일생을 결혼도 하지 않고 주님을 섬기며, 사도 바울처럼은 못 되어도 그처럼 온전히 주님을 섬기며 살겠노라 마음먹고 병상전도에 온 힘을 기울였고 나의 모든 시간들을 바쳤다.

7

결 혼

하나님의 생각과 우리 인간들의 생각은 달랐다. 나는 방광의 심한 병으로 고통을 당하였다가 주님의 능력으로 치료를 받았지만, 결혼을 포기하고 독신으로 주의 사업을 하겠다고 기도했었다. 그러던 어느 날 밤 꿈에 보니 내가 잘 알고 있는 장로님과 내가 같이 인력거를 끌고 가는데 나의 인력거에서 매 1마리가 나와서는 하늘로 높이 치솟아 올라가는 것이었다.

이 매가 올라감과 함께 높은 하늘에서부터 또 1마리의 매가 내려왔다. 그러더니 이 매 2마리가 붙더니 한참 날아가는데 큰 절벽이 있고 그 절벽에 조그만 동굴이 보이는 것이었다. 이 매 2마리가 동굴 안으로 들어갔다. 그런데 매가 들어갈 때 하늘에서 "찬규야! 결혼하라!" 하는 우레와 같은 음성이 들렸다.

나는 이 소리에 놀라 잠을 깨었다. 꿈같지 않게 너무도 생생하게 "찬규야! 결혼하라!"는 소리가 나의 귀와 머리와 가슴을 울리고 있었다. 하지만 나는 이 꿈을 이상하게는 생각했지만 그래도 결혼할 생각은 조금도 가지지 않았다.

　며칠 후에 또 새로운 꿈을 꾸었다. 최복규 목사님이 나를 찾아오시더니 "찬규 형제님, 결혼하십시오" 하고 권하시며 나를 차에 태워 경상도로 데리고 가셨다. 목사님과 나는 어느 학교 같은 곳으로 들어갔다. 그곳에 많은 사람들이 모여 있었는데 그 사람들 가운데 내 아내 될 사람이 무궁화를 뽑아서 가져온다고 했다. 그래서 나는 아내 될 사람과 무궁화를 기다리고 있다가 잠을 깼다. 너무나도 이상한 생각이 들어 "주님께서 제가 결혼하기를 원하십니까? 정말 원하신다면 순종하겠습니다" 하고 기도하며 주님께 결혼 문제를 맡겼다.

　그런데 며칠 후 지난 번 꿈과 똑같이 아침에 최복규 목사님이 오시더니 "황찬규 형제님, 결혼하십시오" 하며 같은 말투로 권유하셨다. 나는 너무나도 놀라 주님의 뜻이라면 하겠노라 하며 즉시 목사님과 이야기를 시작하였다. 목사님께서 얼마 전 부산중앙교회에서 부흥회를 인도하셨는데 이때 은혜를 받고 주님을 영접하고 충성하고 있는 신은자 자매를 소개하며 부산중앙교회 이성복 목사님을 찾아가면 될 것이라고 말씀해 주셨다.

　나는 밤차로 부산에 내려갔다. 새벽에 교회로 찾아가서 이 목사님께 말씀을 드리니 자매님이 지금 기도 중이라고 하신다. 나는 목사님께 자세한 이야기를 드린 후 사택에서 신은자 자매를 만나기로 양해를 얻고 기다렸다. 그러자니 은근히 이것저것 걱정이 되기 시작했다. 최 목사님께 자매에 대하여는 물어보지도 않았고 이름만 들어서 자매가 혹시 무슨 병이 있는 것은 아닌지, 얼굴이 흉하지는 않은지 등 인간적인 생각이 들었다.

　더욱이 결혼도 하지 않겠다고 했는데 시키시는 것을 보면 무언가 이상했다. 하지만 주님께서 시키시는 결혼이니 다리가 하나 없는 사람이라도 할 수 없고 혹시 얼굴이 흉해도 할 수 없었다. 그런데도 내 마음은 떨렸다. 한편으로는 나의 믿음이 약한 탓이라 자인하며 평정을 찾기 위해 애를 썼다.

이윽고 신 자매의 기도가 다 끝났다고 한다. 사택에서 이 목사님이 나를 신 자매에게 소개해 주셨다. 자매는 매우 아름다웠다. 더욱 예쁘게 미소를 지으면서 나에게 인사를 할 때 마치 천사가 나를 맞이해 주는 것 같은 기분을 느꼈다. '하나님! 감사합니다!' 속으로 외치며 나는 자매에게 단도직입적으로 말했다.

"자매님, 저와 결혼하십시다."

자매는 당황한 표정을 지었지만 "주님의 뜻이라면 순종해야지요" 하고 조용히 말했다. 나는 벅찬 감사와 떨리는 마음을 가지고 그 즉시 목사님을 모시고 신은자 자매와 약혼식을 올렸다. 약혼식을 마치고 목사님을 모시고 사진관으로 달려갔다. 사진에 '약혼기념'이라는 글자와 날짜를 새겼다. 나는 그나마 헌 양복이라도 입고 있었지만 약혼녀는 아침 기도회에 나온 차림 그대로였다. 하지만 옷차림과는 달리 그녀의 얼굴은 그 누구보다도 빛나 보였다.

그런데 문제는 자매의 부모님의 허락도 없이 약혼을 해 버린 것이었다. 주님의 뜻만 생각하고 이것저것 따지지 않은 것은 너무나도 큰 실수를 저지른 것이었다. 장인 되실 신용봉 씨께서 이 사실을 아시고는 펄쩍 뛰시며 화를 내셨다고 하였다. 하지만 나는 찾아가 뵙고 무슨 일이 있어도 결혼을 성립시켜야 되겠다고 생각하고 주님께 도와주실 것을 기도했다.

처음에 장인어른께 찾아갔을 때 내가 넙죽 엎드려 절을 하는데도 받지 않으시고 화를 내면서 나를 내쫓으셨다. 다시 또 찾아가서 절을 하였다.

"저는 서울에서 온 황찬규라고 합니다. 아버님 딸과 꼭 결혼하고 싶으니 결혼을 시켜 주십시오. 그러면 일생을 제 몸처럼 아끼며 사랑하겠습니다."

장인 되실 어른은 쳐다보지도 않으셨다. 나는 나흘 동안 아침저녁으로 찾아갔다. 집에 들어가지 못하면 대문 밖에서라도 절을 하며 말씀을 올렸다.

나흘째 저녁이 되니 장인어른께서 만나자고 하여 들어갔는데 결혼하는 것은 좋은데 부모님을 모시고 오라고 하신다. 나는 고향 영주로 가서 부모님을 모시고 왔다. 이렇게 하여 우리들의 결혼은 성립되었다. 약혼한 지 보름 만에, 아니 만난 지 보름 만에 모든 것이 이루어졌다.

결혼하자마자 나는 아내와 함께 서울로 올라왔다. 그녀는 시집간다는 것이 무엇인지도 모르고 작은 가방에 간단한 소지품만을 챙긴 채 따라나섰다. 우리는 신혼의 금침 대신 노총각 방에서 때에 찌든 이불을 덮고 첫날을 보냈다. 그리고 다음 날부터 신혼여행 대신 부흥회에 참석하여 새벽부터 밤늦게까지 교회에서 일주일을 지냈다.

그런데 이전에 운영하던 요정을 갑자기 닫은 일로 인하여 요정을 같이하던 사람이 와서 보름간이나 우리 집에 기거하면서 매일 아우성을 치며 생떼를 부렸다. 돈을 요구하는 일로 말미암아 하나님의 영광이 크게 가려지는 것을 깨달았고 불의의 재물은 불의하게 나간다는 사실을 체험하였다.

그렇게 돈이 다 나가고 입원비까지 주고 나니 당장 방을 마련할 돈마저 빠듯했다. 응봉동 산꼭대기에 겨우 방을 마련하여 우리들의 어려운 새살림을 시작하였다. 하지만 예수님께서 말구유에 오신 것을 생각하면 이곳은 호텔과 마찬가지였다. 나는 감사를 드리며 더욱 주님 일에 충성하기 위해 열심히 다녔다.

부산에서 아내의 친구들 몇몇이 와서 우리들이 살고 있는 모습을 보고는 돌아가 학교 선생님께 전했다. 부산여고에서는 신은자가 서울의 어느 돈도 없는 거지와 결혼했다는 소문이 퍼지게 되었고, 친구들은 아내에게 와서 이혼하라고 소동을 부렸다. 심지어는 선생님이 학생들에게 "너희는 은자와 같이 거지에게 시집가지 말라"고 말씀하셨다고 한다. 장인어른께서도 찾아오셔서 한숨을 내쉬곤 하셨다.

 이러한 상황에서도 주님은 한나(큰딸), 진철이, 단열이 2남1녀를 주셨고, 아내에게도 너무나도 가혹한 고통과 많은 갈등을 견딜 수 있는 믿음을 허락하셔서 주님 일에만 오직 마음을 쏟을 수 있도록 지켜 주셨다. 또한 그런 가운데에도 아내의 친정 부모님은 물론 우리 어머니와 세 분의 누님들이 모두 예수님을 영접하게 되었다. 하나님의 위대하심에 감사를 드릴 뿐이다. 나의 아내는 지금 누구보다도 충실한 나의 비서로, 동역자로 병원선교 사역에 힘을 쏟고 있다. 할렐루야!

8

어려운
역경들

　나는 효과적으로 병원전도를 하기 위해 근무처를 옮기기로 했다. 환자전도뿐 아니라 의료인들에게도 전도하기 위해서는 낮 시간이 필요했다. 세브란스 병원 임상병리과에서 밤 근무를 하며 생활비를 충당하고, 낮에는 각 병원을 방문하고 예배를 인도하며 병원전도에 전념하였다. 사무실은 물론 얻을 수 없었고, 이미 사무실이 된 나의 큰 가방에는 사무용품 일체와 전도지, 결신자 카드, 편지지, 봉투 등이 들어 있어 약 4kg 남짓한 무게였다. 이 가방을 들고 다니는 일은 제대로 끼니도 못 잇는 판이라 체력적으로 너무나도 힘에 겨운 일이었다.
　그런 가운데 잊을 수 없는 것은 김원기 간사님(나중 병원선교회 미국지부 간사)이 나의 가방을 항상 들고 다니며 선교 사역에 최선을 다해 주신 일이었다. 김 간사님과 나는 점심을 굶으면서 심지어는 버스 교통비가 없어 걷고 뛰면서 각 병원을 방문하고 예배를 인도하며 의료인들과 환자들을 전도하였다. 김원기 간사님과 함께 다니면서 주님께 얼마나 많은 위로를 받았는지 모른다.

한번은 배가 몹시 고팠다. 그때 이춘애 과장님(시립동부병원 간호과장)께서 누가 준 것인데 나를 주려고 준비해 두셨다며 엿을 내놓고 먹으라 하신다. 나는 눈물이 왈칵 쏟아질 뻔했다. 배고픈 사람의 심정을 알아주는 사랑에 주님의 뜻을 깨닫고 큰 위로와 격려를 받았다. 이렇게 지내는 동안 내 몸은 다시 쇠약해질 대로 약해져서 머리가 어지러웠고 정신만 놓으면 금방 쓰러질 것만 같았다.

어느 날 세계병원선교회 프란시스 그림(Francis Grim) 회장님께서 나를 만나기 위해 친히 한국까지 방문해 주셨다. 그림 회장님과 에라스미아 그림(Erasmia Grim) 사모님이 우리가 살고 있는 응봉동 꼭대기까지 오시겠다고 하여 할 수 없이 모시고 왔다. 노구에 땀을 뻘뻘 흘리신다. 에라스미아 사모님은 하이힐을 신고 힘든 걸음을 옮기시면서도 조금도 굽히지 않고 웃으시며 산꼭대기까지 올라오셨다. 그 두 분이 산꼭대기 초라한 집으로 들어오시니 집안이 꽉 차는 듯했다. 동네 꼬마 수십 명이 벗은 채로 졸졸 따라다녔다. 두 분은 이 어려운 걸음에도 아랑곳없이 우리 두 부부를 위하여 뜨거운 기도와 말씀으로 위로해 주셨다.

"찬송하리로다 그는 우리 주 예수 그리스도의 하나님이시요 자비의 아버지시요 모든 위로의 하나님이시며 우리의 모든 환난 중에서 우리를 위로하사 우리로 하여금 하나님께 받는 위로로써 모든 환난 중에 있는 자들을 능히 위로하게 하시는 이시로다 그리스도의 고난이 우리에게 넘친 것 같이 우리가 받는 위로도 그리스도로 말미암아 넘치는도다"(고후 1:3-5)

이 말씀이 저절로 마음 가운데 흘러나왔다.

나의 모든 어려운 사정을 보살펴 주신 그림 회장님은 1969년 9월에 이탈리아 로마에서 열릴 세계병원선교 국제대회에 한국 대표로 참석해 달라고 구두로 요청하셨지만 나는 즉시 간곡하게 거절하였다. 영어를 잘 못하기 때문에 한국병원선교회와 한국의 위신이 여러 나라 사람들 앞에서 추락될까 염려스러웠고, 또 나 한 사람을 위하여 들어갈 그 큰 비용이 있다면 그 돈으로 당장 많은 생명을 건질 수 있기 때문이었다. 혈액이 없어서 죽어 가고 있는 사람들이 많기에 오히려 그 돈을 선교회에 주면 얼마나 유익할까 하는 생각만 들었다. 그런 이유를 말씀드리고 간곡히 거절할 수밖에 없었다.

9

비자를 받기까지

그러나 그 후 프란시스 그림 회장님은 세계병원선교회에 가셔서 나에게 정식 초청장을 보내셨다. 나는 초청장을 받았으나 모든 여건이 맞지 않아 수속을 하지 못하고 있었다. IHCF(세계병원선교회) 국제대회가 임박해 왔다. 그곳에서는 비행기 표까지 보내며 나에게 꼭 참석하여 간증을 하도록 독촉하였다. 나는 마지못해 수속을 시작했는데 너무나 시일이 촉박하여 불가능해 보였다. 9월 21일부터 국제대회가 시작되었는데 9월 25일이 되어도 여권이 나오지 않았다.

나는 거의 포기하다시피 하였으나 김영훈 목사님께서 적극 협조해 주시고 모든 것을 다 해 주시다시피 하셨다. 9월 27일이 되자 김 목사님은 오늘 여권이 나온다 했으니 빨리 떠날 준비를 하라고 말씀하신다. 나는 주님께 기도하며 주님 뜻이라면 가겠다고 했다. 김 목사님이 여권과에서 여권을 기다리는 동안 나는 이탈리아 대사관으로 찾아갔다. 그 날따라 토요일이라 직원들이 일찍 퇴근한단다. 나는 참사관을 꼭 붙들고 비자를 내줄 것을 간청하였더니 도저히 들어줄 수가 없다고 한다.

나는 인격 이하의 행동인 줄은 알지만 이왕 가려고 마음먹었으니 주님께서 이루어 주실 줄 믿고 수로보니게 여인이 자기 딸을 위하여 예수님께 매달린 것처럼 이 사람에게 매달렸다. 참사관의 팔을 꽉 잡고 2층 참사관실까지 강제로 이끌고 가서 사정을 하였다. 이 참사관은 한국인인지라 나에게 "도대체 당신은 누구요?" 하고 묻는다.

"예. 저는 한국병원선교회 대표로 로마 국제대회에 꼭 참석해야 합니다. 국제대회가 끝나기 전에 꼭 가야 합니다."

"그럼 여권 좀 봅시다."

하지만 나는 아직 여권이 나오지 않아 김 목사님께서 지금 내 대신 그날 오후에 나오기로 한 여권을 외무부 여권과에서 기다리고 계시지 않은가!

"예! 지금 여권이 없지만 곧 외무부에서 가져올 겁니다."

"뭐요? 당신 돌지 않았소? 우린 오후 2시면 모두 돌아가는데 여권도 없이 비자를 받으러 왔다니, 누굴 놀리는 겁니까?"

아까부터 일어서려는 것을 간신히 붙잡고 있는데 이 참사관이 정말 화를 내면서 두 번째로 일어서려고 하였다. 바로 이때 그렇게도 고대하던 김 목사님이 여권을 가지고 힘 있게 들어오시면서 "여권이 나왔소!" 하고 외치신다. 사실 여권이 나오기나 하는 것인지 매우 초조한 가운데 기다렸었다. 외무부에서 이렇게 빨리 여권을 내준 일이 없었다고 김 목사님이 말씀하셨다.

그때 여권을 보고 있던 참사관은 "아니, 29일 날이면 국제대회가 끝나는데 언제 가려고 합니까?" 하며 놀라서 묻는다.

"예! 비자만 내주시면 오늘이나 늦어도 내일이라도 떠나려고 합니다."

"안 됩니다! 절대로 안 됩니다. 우리 영사님이 지난주에 사임하셨는데 새로 부임하실 영사님은 월요일이라야 오시니까 그날에야 가능합니다. 그때 떠나셔도 도착하면 9월 29일 대회 마지막 날이 됩니다. 그러니까 도저히 내드릴 수가 없습니다."

나 혼자 간청하던 것을 목사님과 함께 통사정을 하니 이 참사관이 전화를 들어 사임한 영사에게 이 딱한 사정을 이야기한다. 그러자 이미 사임한 영사가 달려와서 비자를 내주었다. 할렐루야! 참사관은 병무청 확인서가 있어야 한다고 해서 김 목사님이 국방부 여권과로 전화를 걸어 "잠깐만 기다려 주십시오. 10분 내로 가겠습니다" 하고 뛰어나가셨다. 얼마나 실랑이를 벌였는지 벌써 5시가 다 되어 있었다.

나는 거의 힘이 다 빠지고 지쳐서 혼자 앉아 있으니 참사관이 비행기 표를 보자고 한다. 아차! 나는 소스라치게 놀라지 않을 수가 없었다. 비행기 표 복사한 것만 가지고 왔고 원본은 KLM(네덜란드 비행기회사)에 맡겨 두었기 때문이었다.

"저, 지금은 비행기 표가 없고 복사한 것만 가지고 있습니다만…"

참사관은 참으로 어이없어 하며 쏘아붙였다.

"여보시오! 당신 돌아도 보통 돌지 않았네요. 그래 가지고 무슨 국제대회에 간다는 겁니까?"

이미 KLM은 문이 닫혔고, 내일은 일요일이니 안 되고, 월요일까지 기다리면 대회에 참석할 수가 없었다. 비자만 나오면 내일 아침에 출국하려 했는데, 큰일이 났다. 모든 것이 수포로 돌아가는 듯했다. 나는 주님께 미련한 저를 용서해 달라고 간절히 간절히 기도드렸다. 내 모습을 한참이나 지켜보고 있던 참사관이 마음에 감동을 받았는지 도와주겠다고 나섰다.

"선생! 내가 대사관에서 10년을 일했지만 당신 같은 사람은 처음 보았소! 도와드릴 바에야 끝까지 도와드리지요! 저를 따라 오십시오!"

참사관의 뒤를 따라가면서 나는 감격하여 기도에 응답해 주신 주님께 뜨거운 감사를 드렸다. 그는 스칸디나비아 비행기회사 지배인에게 전화를 했다.

"내가 보증을 설 테니 이분에게 로마까지 왕복 비행기 표 하나 만들어 주십시오."

나는 스칸디나비아 비행기회사로 달려갔다. 기다리던 지배인은 두말도 하지 않고 비행기 표를 내준다. 나는 참사관에게 비행기 표와 영수증으로 되어 있는 항공권을 내주고 감사의 인사를 드리고 돌아왔다. 너무나도 감격하였다. 병무청에 가셨던 김 목사님께서도 어렵게 확인서를 받아오셨다.

김영훈 목사님, 김원기 간사님과 나는 다방에 앉아 말도 제대로 못 할 정도로 감격해하였다. 우리 세 사람은 다방 한가운데에서 손을 꼭 잡고 감격의 기도를 드렸다. 처음에는 다방이라 사람들을 의식하여 조용조용 기도했으나 나중에는 예배당에서 기도하는 줄로 착각할 정도로 감격이 되어 기도 소리가 크게 울려 나가도록 기도하였다.

밤 9시가 넘어서야 김원기 간사님과 함께 남대문시장에 가서 트렁크를 사가지고 왔다. 집으로 돌아와서는 아내와는 이야기할 틈도 없이 간사님과만 거의 밤을 지새우다시피 이야기를 나누었다. 선교회 일은 오상백 박사님과 김원기 간사님께 맡기고 다음 날 아침 9시 비행기로 드디어 김포를 출발하였다. 아내는 별다른 이야기도 나누지 못한 채 별안간 떠나는 나를 보며 매우 섭섭한 눈치였다. 나도 속으로 미안한 마음이 가득했지만 어찌할 수 없었다.

아무튼 이렇게 하여 내가 탄 비행기는 검은 연기를 뿜으며 상공으로 상공으로 하늘 높이 올라가더니 구름 위로 태양 빛이 눈부시게 비치는 밝디밝은 세계로 올라갔다. 나는 그제야 그동안의 모든 어려움과 긴장감을 풀 수 있었다. 나에게 들이닥쳤던 긴장감, 고통들이 저 구름 밑으로 모두 가려지고 광명하고 밝은 축복된 내일이 있는 듯했다.

예수님께서 오실 때 우리는 이처럼 들림 받고 아름다운 세계에서 살

것을 생각하니 다시 힘이 절로 났다. 이런 확실한 소망과 위로가 있기에 우리의 많은 신앙 선배님들이 순교하실 수 있었나 보다 생각했다. 20여 시간 동안 비행기 안에서 배불리 식사를 하며 너무나도 오랜만에 푹 쉴 수 있었다.

10

로마 국제대회에 선
어린 나귀

나는 생전 처음으로 비행기를 탔으므로 하늘이 너무도 푸르고 그토록 아름답다는 사실을 처음 알았다. 저절로 찬송이 흘러나왔다. 약 20시간 만에 이탈리아 로마 공항에 도착하였다. 그러나 나를 마중 나온 사람은 없었다. 나는 떠나기 전에 비행기회사에서 전보를 쳤다고 해서 안심하고 왔는데 국제대회 측에서는 아무도 나오지 않았다. 나는 공항 한쪽에서 쭈그리고 앉아 기도했다. 한참을 기도하고 났더니 로마 경찰들이 몇 사람 지나가고 어떤 아가씨가 오더니 승용차를 타라고 한다.

"당신, 어디로 가는 겁니까?"

"뉴바 호텔(New Ba Hotel)로 갑니다."

"그렇습니까? 선생님을 잘 모셔다 드리겠습니다."

"그래요! 감사합니다."

나는 너무나 감사하여 어찌할 바를 몰랐다. 그 운전자는 차 안에 달린 무전기로 "뉴바 호텔이 어디 있습니까?" 물어 가면서 약 2시간 만에 나를 뉴바 호텔 앞에 데려다주었다. 내가 "돈을 드릴까요?" 물어보았으나 그 아가씨는 사양하고 그냥 떠나 버렸다.

나는 한국을 떠날 때 은행에서 돈을 바꿀 여유가 없어서 10달러만 가지고 있었다. 그 돈도 유순한 간호과장님께서 김원기 간사님을 통하여 나에게 가까스로 전달해 준 돈이었다. 실로 나는 그 승용차를 타면서도 돈을 달라고 하면 어떻게 할까 퍽 염려했었다. 다행히 돈을 받지 않겠다고 하여 얼마나 감사했는지 말로 표현할 수가 없었다. 달라고 하면 나의 총재산 10달러라도 주려고 했는데 거절을 하니 하나님께서 나의 형편을 알고 신비하게 길을 열어 주고 계심을 깨달을 수 있었다.

뉴바 호텔에 도착하니 세계병원선교대회의 마지막 날로, 곧 마지막 집회가 열리려고 하는 중이었다. 후에 알았지만 이 집회 동안 그림 회장님을 비롯한 각국 대표들은 이 부족한 자가 참석할 수 있도록 간절히 기도드렸다고 한다. 내가 호텔 현관을 들어섰을 때 몸집이 큰 그림 회장님이 두 팔을 벌려 나를 포옹하면서 감격적으로 환영해 주셨다. 나는 다시 돌아온 아들처럼 아버지 같은 그림 회장님 품에 안겨 온 얼굴에 눈물이 범벅되도록 감격을 나누었다.

50여 나라에서 온 250여 명의 국제 대표들이 뉴바 호텔에서 나를 환영해 주었다. 박수를 치며 할렐루야를 부르며 너무도 뜨겁게 환영해 주어서 나는 이미 천국에 온 기분이었다. 아마 천국은 이와 같은 기쁨과 찬송으로 충만할 것이라고 생각하니 가슴이 벅차기 그지없었다.

프란시스 그림 회장님은 나를 강단에 세우시고는 참석한 소감을 물으셨는데 나는 무척 당황했다. 나는 약 5분 동안 아무 말도 못 하고 서 있기만 하였다. 이유는 영어로 대답할 수가 없었기 때문이었다. 계속하여 박수 소리가 울려 퍼져 뉴바 호텔을 온통 덮고 있었다. 나는 기도하자고 하면서 오른손을 들었다. 물론 영어를 할 줄 몰랐기 때문에 한국어로 크게 기도하였다.

나의 기도 소리가 더 크게 힘차게 터져 나오자 성령의 감동으로 이 호텔에 모인 많은 심령들이 울며 함께 간곡히 기도하였다. 어떤 사람은 방언이 터졌다고도 하였다. 하긴 방언치고는 진짜 방언이다. 한국말 방언이니까. 기도가 끝난 후 나는 요한복음 12장 12-16절 말씀을 봉독하고 차근히 도착 소감을 말씀드렸다. 성령께서 나의 부족한 영어 실력을 감추어 주셨다.

"예수님께서 어린 나귀를 타시고 예루살렘으로 오시는데 사람들이 종려나무 가지를 가지고 맞으러 나가 '호산나! 찬송하리로다! 주의 이름으로 오시는 이 곧 이스라엘의 왕이여!' 하며 환영을 할 때 어린 나귀는 아무 말 없이 예수님을 태우고 갔습니다. 만약 나귀가 자기를 바라보고 이렇게 종려나무 가지를 흔들고 환영하며 자기에게 영광을 돌린다고 착각했다면 아주 교만해져서 뒷발을 딛고 일어섰을 것입니다. 어린 당나귀가 일어섰더라면 예수님은 떨어지셨을 것입니다.

마찬가지로 제가 오늘 세계병원선교대회에 도착하니 각국에서 오신 형제 자매님들께서 뜨겁게 환영해 주시고 박수를 치며 할렐루야 영광 돌리는 여러분의 모습을 보게 됩니다. 이러한 여러분들의 모습을 바라보며 저도 여러분과 함께 하나님께 영광을 돌립니다. 하지만 여러분이 저를 바라보고 이렇게 뜨겁게 환영하는 것은 저를 향한 것이 아니라 제가 나귀가 되어 이곳까지 태우고 온 예수님을 바라보고 환영해 주시는 줄 압니다."

이렇게 간단한 인사말을 영어로 말하자 더 크게 할렐루야! 박수를 치며 모인 무리들이 다 한마음으로 하나님께 영광을 돌렸다. 우리 대회가 열리는 바로 옆 강당에서는 이탈리아 공산당 대회가 열리고 있어 발을 구르며 노래를 부르고 있었다. 우리는 저 사탄의 세력들을 누르고자 더 크게 찬송을 부르며 주님께 큰 영광을 돌렸다.

대회가 끝나자 이탈리아 성경학교에서 초청하여 그곳에 가서 나의 간증을 전하게 되었다. 나의 간증은 사전에 영문으로 번역해 놓아 그대로 읽으면 되는 것이었다. 그러나 많은 학생들이 은혜를 받았다고들 하였다. 간증 설교를 마친 후 호주에서 왔다는 어느 학생이 매우 기뻐하며 은혜 충만히 받았다고 하면서 악수를 청한다. 악수를 하는데 그가 나의 손에 종이뭉치를 쥐어 준다. 나는 이 사람이 화장실에 가려다 말고 악수를 하나 싶어 약간 불쾌하였다. 그 학생이 이렇게 말했다.

"내가 당신의 간증을 들을 때 하나님께서 당신에게 돈을 주라는 감동을 주셨습니다. 이 돈은 성경학교에 낼 등록금인데 당신에게 드릴 테니 받아주십시오."

나는 어떻게 할 바를 몰라 망설였지만 내게 돈이 거의 없는 것을 생각하고 기쁘게 받았다.

"이 시간에도 하나님은 살아 역사하시는군요."

감사드리면서 감동을 느낄 수 있었다. 만약에 이 호주 학생이 돈을 주지 않았더라면 나는 그 후 무척 난처한 일을 당할 뻔했다.

그다음 날 로마 역 앞에 모여든 사람들에게 간증 설교를 해 달라는 부탁을 받고 기꺼이 허락한 후 어제 성경학교에서 했던 내용을 그대로 힘 있게 읽으면서 말씀을 증언했다. 그리고 또한 2곳의 로마 교회(Evangelical Church)에 가서 말씀을 전했다. 우리 믿는 자들은 어디를 가도 주 안에서 한 형제 자매가 된 것을 감사드린다.

세계병원선교회 중요 임원들은 나를 영국 캐펀레이 성경학교(Capernwray Bible School)에 입학시키기로 결정하고 돕기로 하였다. 나와 임원들이 로마 주재 한국대사관에 가서 영사에게 영국에 갈 수 있도록 비자를 신청했으나 불가능하다고 하여 돌아오고 말았다. 그 이튿날에도 유럽병원선교회 레오노라(Leonora V. Tonder) 총무님과 함께 다시 가서 간청을 해도 또 부결되었다. 그러나 프란시스 그림 회장님과 병원선교회 임원들이 조금도 낙심치 않고 계속하여 노력하는 모습에 나는 예수님의 사랑의 고귀함을 다시 한 번 절감하였다.

그 후 프란시스 그림 회장님과 내가 다시 가서 공사를 만나 간청하였더니 한국 정부에 신청을 하였으나 외무부로부터 부결이 되었기 때문에 도저히 할 수 없다고 한다. 그러나 다시 한 번 연락해 보겠다면서 기다리라고 하였다. 공사와 대사는 각 나라 사람들이 한국인인 내가 공부할 수 있도록 너무나 애쓰는 모습을 보고 크게 감동하였으며, 내가 이곳에 오게 된 동기와 질병 가운데에서 하나님의 능력으로 살아난 간증을 들려주자 영사는 크게 감동을 받고 적극 협조해 주겠다고 자청했다.

수일 후, 기적적으로 한국 외무부로부터 영국에 가도 좋다는 허가가 나왔다. 할렐루야! 그림 회장님을 비롯하여 에라스미아 그림, 레오노라, 그리고 여러 동역자들의 간곡한 기도의 응답으로 이탈리아를 떠나 영국으로 갈 때 나의 심령은 예수 그리스도의 사랑으로 충만해졌다. 나는 영국 성경학교에서 하나님 나라의 귀한 말씀을 배울 수 있게 되었다. 주님의 인도하심에 그저 놀라서 나귀 같은 심정으로 묵묵히 나에게 이루어지는 일들을 바라보고 있을 뿐이었다.

11
영국 유학 시절

나는 그해 11월 1일에 레오노라 유럽 총무의 인도를 받아 캐펀레이 성경학교에 입학하게 되었다. 우선 2주 동안 공부를 하는데, 각 나라에서 유명한 교수님들이 모여 성경을 강해하였으며, 함께 캐펀레이홀에서 잠을 자고 함께 식사를 하며 학생들이나 교수님들이나 같이 생활하였다. 나는 많은 감동을 받았다.

학생들은 일터에서 노동도 해야 했고, 교수들의 가옥 청소는 물론 나무들의 가지치기도 하고 밭고랑도 치고 정원도 만들고 하였다. 28개 국가에서 학생들이 왔기 때문에 얼굴도 가지각색이었다. 나는 학생들과 교수들의 모습과 행동에서는 많은 것을 느끼며 배울 수 있었지만, 강의는 전혀 알아들을 수가 없었다.

2주일이 지났다. 지금까지 배운 내용에 대해 시험을 친다고 하였다. 이윽고 시험 시간이 되어 시험지를 받고 보니 내 이름밖에는 영어로 쓸 수 있는 것이 없었다. 무식한 자의 심령이 얼마나 안타까운가를 생각하며 탄식만 하고 있었다. 바로 내 옆에 앉아 있는 학생은 일본인 '다나'였는데, 일본 동경대학을 졸업하고 영국에 와서 3년간 지내다가 공부를 하고 있어 영어를 제법 잘했다. 일본 사람만 아니면 내 마음에 그렇게 충격이 크지는 않았을 텐데, 일본 사람에게는 왠지 모르게 경쟁 의식을 가지게 되었다. 지금은 안 그렇지만 그 당시에는 예수님을 믿어도 민족적인 감정은 아직 사라지지 않았던 것이다.

그 일본인 다나는 시험지에 답을 써 내려가더니 이따금씩 생각하면서 계속 쓰고 있었다. 나는 견딜 수가 없어서 하나님께 기도하기 시작하였다.

'하나님, 어떻게 나는 이렇게 무식할 수가 있습니까? 일본 사람도 저렇게 잘 쓰는데 나는 이럴 수가 있습니까?'

이렇게 탄식으로 기도하는데, 갑자기 내 마음 가운데 '달란트대로 하라'는 세미한 음성이 들렸다. 하나님께서 주시는 말씀인가 아니면 사탄이 주는 속임수인가 생각하고 있는데, 문득 '그렇다. 영국 사람은 영어 달란트, 독일 사람은 독일어 달란트, 프랑스 사람은 프랑스어 달란트를 가지고 있듯이 나는 한국어 달란트를 가지고 있다. 하나님께서는 나에게 특별히 누구보다도 유창하게 말할 수 있는 한국어 달란트를 주셨다'는 생각이 강하게 들었다.

문제는 아는 것이기 때문에 나는 시험지에 유창한 한국어로 답을 쓰기 시작했다. 백지보다는 몇 배나 나았다. 이미 1시간이 지나갔지만, 나머지 1시간 동안 계속 써 내려갔다. 옆에 있는 일본인 다나는 처음에는 으스대면서 1시간 정도 쓰더니 나머지 1시간 동안은 쓸 것이 없는지 가만히 앉아만 있었다. 그런데 내가 나머지 1시간 동안도 계속 써 내려가니 깜짝 놀라는 눈치였다.

영어도 제대로 하지 못하는 미스터 황이 어떻게 저렇게 잘 쓸까 의아하게 바라보더니 내 시험 답안을 보려고 한다. 만약 한국어로 쓰는 것을 안다면 얼마나 나를 무시할까 싶어서 다나가 볼 수 없도록 얼른 답안지를 가리며 반대편으로 몸을 틀었다. 그러니까 그도 몸을 튼다. 내가 15도 정도 돌려서 쓰니까 그도 15도 정도 몸을 돌려 앉는다. 내가 30도 정도 몸을 돌려 앉으니 그도 30도 정도 몸을 튼다. 주위 사람들이 우리를 쳐다볼까 하여 너무나도 미안한 생각이 들었다.

아무튼 이렇게 하여 시험지 가득 한국어로 멋지게 답을 가득 채워 놓았다. 그런데 문제는 감독하시는 교수님이었다. 교수님은 학생들이 답안지를 낼 때마다 일일이 체크하고 계셨다. 이대로 그냥 답안지를 내면 보나마나 교수님께 들켜 전학생 128명 앞에서 창피당할 텐데 생각하니 답안지를 낼 용기가 나지 않았다. 나는 다시 주님께 어린아이처럼 솔직하게 기도하였다.

'주님! 저의 사정을 살피고 계시지 않습니까? 저 교수님이 자리를 뜨게 해 주시든지 눈을 다른 곳으로 돌리게 해 주세요.'

5분 정도 지났을까, 갑자기 밖에서 탕! 하는 소리가 났다. 이렇게 조용한 영국에서 뜻밖에 큰 소리가 들려서인지 일제히 창밖으로 고개를 돌렸고 교수님도 창가로 가셨다. 나는 얼른 답안지를 들고 나와 겹쳐져 있는 시험지들 한가운데를 들치고 중간에 집어넣고는 밖으로 나왔다. 그런데 얼마나 떨리는지 다리가 후들거렸다. 사람은 양심의 가책을 받고는 살 수 없는 모양이었다.

한편으로는 나같이 무식한 자를 지키시느라고 갖가지로 수고하시는 주님이 오히려 절친한 친구처럼 더욱 가깝게 느껴졌다. 하지만 그날부터 너무 고민이 되어 밥맛도 없고 잠도 잘 오지 않았다. 어쩌면 이 학교에서 추방당할지도 모른다는 생각에 고민은 깊어만 갔다. 시험을 친 직후 감사하던 마음은 사라지고 나를 이곳에 보내신 주님을 원망하는 기도만 나왔다.

"하나님, 나처럼 무식하고 영어도 모르는 사람을 왜 원하지도 않았는데 이곳까지 보내셔서 이렇게 고민을 하게 만드십니까? 한국에 있으면

힘은 들고 고달파도 마음은 편한데, 이곳에서는 육신은 편하지만 내 마음은 너무 괴롭군요."

이튿날 점심을 먹고 있는데 아니나 다를까, 그 교수님의 여비서 (조교)가 한국어로 된 나의 답안지를 들고 나타나더니 "Where is Mr. Hwang?" 하며 큰 소리로 나를 찾는다. 그렇지 않아도 긴장 가운데 식사를 하고 있는데 내 이름을 부르는 소리에 얼마나 놀랐는지 내 가슴이 방망이질을 한다. 나는 도저히 그냥 식사만 하고 있을 수 없어 얼른 나가 내 시험지를 들고 있는 여비서의 손목을 가볍게 잡고 식당 밖으로 끌고 갔다. 모든 학생들이 의아하게 쳐다본다. 식당에서 멀리 떨어진 곳으로 가서 나는 여비서에게 더듬거리면서 말했다.

"왜 이렇게 영국 사람답지 않게 많은 사람들 앞에서 창피를 주십니까? 얼마든지 조용히 불러 말할 수도 있지 않습니까?"

나는 일부러 화난 표정을 지어 보였다. 그 여비서는 왜 당신은 영어로 쓰지 않고 한국어로 썼느냐고 하면서 우리 히브리 교수(Prof. Thomas Ashbridge)께서 시신경이 약하여 고생하시는데 당신의 답안지를 보고 처음에 'Korean Chankyu Hwang'만 읽을 수 있었고 그다음부터는 갑자기 한 글자도 알 수 없기에 자기 눈에 이상이 온 줄 알고 당황하여 다른 안경을 써 보아도 보이지가 않아 놀라고 있을 때 비서인 자기가 들어갔다는 것이었다.

교수님의 얼굴색이 변해 있는 것을 보고 이유를 물어보았다고 한다. 교수님의 이야기를 듣고 시험지를 보니까 그것은 영어가 아니라 다른 언어로 된 답안지였다고 한다. 교수님께 말씀드렸더니 화를 벌컥 내시며 불러오라고 하셨다는 것이었다. 나는 그 자리에서 무조건 잘못했으니 용서해 달라고 할까 하다가 달란트 생각이 나서 오히려 비서에게 반문하였다.

"영국 사람은 영어 달란트, 독일 사람은 독일어 달란트, 프랑스인은 프랑스어 달란트, 일본인은 일본어 달란트, 우리 한국 사람은 한국어 달란트를 하나님께서 주셨기에 한글로 썼는데 무엇이 잘못입니까? 그리고 문제에 답을 꼭 영어로 쓰라고 해 놓지 않고 그냥 답을 쓰라고 해서 한국어로 쓴 것인데, 이렇게 오래된 전통 있는 학교에 한국어를 아는 교수가 한 분도 없단 말입니까?"

내가 여비서를 오히려 책망하자, 여비서는 대단히 미안하다고 하면서 사과를 하고 돌아갔다. 하지만 나는 속으로 고민을 하다가 히브리 교수님을 찾아가서 진실대로 말하고 사과를 드렸다. 그는 나를 용서해 주고 아무 책망도 하지 않았다. 그리고 후에 그 교수님이 우표 수집에 취미가 있다는 것을 알게 되어 한국 우표가 오면 갖다 드리면서 친하게 지낼 수 있었다.

그렇지만 고민은 더욱 깊어 갔다. 언제까지나 한국어로 답안지를 쓸 수는 없기 때문이었다. 그동안은 동행해 준 레오노라 씨의 도움을 많이 받았으나 그분도 유럽병원선교회 본부가 있는 네덜란드로 가 버렸다. 나는 기도하는 중에 영국인인 Dr. John이라는 나병 전문의를 찾아갔다. 당신은 어떻게 해서 이곳까지 와서 성경공부를 하게 되었느냐고 물었더니 하나님께서 무슨 뜻이 계셔서 이곳으로 보내 주신 줄 알고 있다고 했다.

나는 무슨 뜻이라는 것이 무엇이냐고 물어보니 아직은 잘 알 수 없다고 했다. 나는 이때다 하고 나의 모든 이야기를 들려주며 주님께서 당신을 이곳에 보내신 것은 나같이 무식한 사람을 돕는 것에도 있지 않겠느냐고 했다. 그러자 그는 기꺼이 기쁜 마음으로 나를 돕겠다고 했다. 나는 수업 시간에 무슨 강의인지 전혀 알아들을 수 없었기 때문에 Dr. John이 내 대신 필기를 해 주면 하루 일과가 끝나는 밤 9시부터 이것을 가지고 공부를 해야만 했다. 그 후로는 다른 미국인이나 영국인 친구들도 나를 많이 도와주었다.

어느 날 실천교육 실습 시간이었다. 우리는 각 10명씩 그룹을 나누어 2시간 동안 전도를 하게 되었다. 마이크로 버스(승합차)에 우리를 태우고 가더니 번화한 시내 중심가에 내려놓는다. 버스에서 내린 학생들은 재빨리 10명씩 짝을 지어 전도하기 위해 리버풀 시내의 식당, 다방, 댄싱룸 등으로 들어갔다. 나는 어차피 마지막 그룹에 들어가야만 했다.

그런데 내가 속한 그룹의 9명은 자기들끼리 무어라 그러면서 얼른 앞에 있는 댄싱룸으로 들어가 버렸다. 나는 저들이 영어를 못하는 내가 함께 있으면 도리어 방해가 되리라고 생각해서 그러는구나 짐작하면서 설움이 복받쳤다. 얼마나 외롭고 괴로운지 하나님을 향하여 또 원망하였다.

그때 저 앞에서 카우보이인지 히피인지 2명의 젊은이들이 옷의 팔다리 부분에 가죽을 덧대고 그 가죽을 찢어뜨린 채 담배를 피우며 오고 있는 것이 보였다. 나는 저들에게 복음을 전할 수 있게 해 달라고 간곡히 기도하였다. 그들이 내 앞으로 다가오자 나는 동양인의 악센트가 강하여 현지인들이 거의 알아들을 수 없을 정도의 발음으로, 아주 큰 소리로 손을 내밀며 외쳤다.

"Do you believe Jesus?"

두 사람은 깜짝 놀라며 나에게 왜 자기 두 눈을 빼려고 하느냐면서 소리를 지르고 하여 시비가 벌어져 버렸다. 그들은 내가 손을 내밀 때 아마도 두 손가락(검지와 장지)만 벌려 V자 모양으로 내미는 것을 보고 마치 자기들의 눈을 빼려고 하는 동작으로 오해를 한 것이었다.

우리들이 소리를 지르는 동안 사람들이 모여들었다. 영국에서도 싸움이 벌어지는 곳에 사람들이 모여드는 것은 우리나라와 똑같았다. 시끄러운 소리에 주변의 다방, 식당, 댄싱룸 등에 들어가 있던 사람들이 몰려나왔고, 나를 빼고 댄싱룸에 들어갔던 학생들도 함께 따라 나왔다. 두 청년과 나를 가운데에 두고 삽시간에 사람들이 꽉 둘러섰다.

그들이 나를 보고 어느 나라 사람이냐고 묻는다. 한국 사람이라고 했더니 그런데 당신이 태권도를 하면 했지 왜 나를 놀리느냐고 한다. 당신에게 예수님을 전하려고 한 것이었다고 설명하니, 그들은 전도한다면 지성적으로 해야지 이게 뭐냐고 하면서 위협한다. 그들은 나를 비웃는 태도로 그러면 당신의 하나님을 보여 달라고 한다.

그 말을 듣자 나는 저절로 힘이 났다. 로마 역 앞에서 내가 간증한 것을 이제는 거의 유창하게 외울 수 있어서 발음은 서툴지만 자신 있는 영어로 둘러선 많은 사람들에게 힘차게 간증하기 시작했다. 마치 사도 바울이 결박된 몸으로도 힘 있게 주 예수 그리스도와 하나님 나라를 전한 것같이, 질병 가운데에서 1964년 6월 2일에 주님의 능력으로 고침 받은 간증을 들려주며 설교를 하였다. 이때 성령께서 역사하셔서 많은 사람들이 회개했고, 그 두 사람은 처음의 태도와는 완전히 달라진 채 하나님은 살아 계신다고 고백했다. 댄싱룸으로 들어갔던 학생들은 이 광경을 보고 놀라움을 금치 못했다.

나중에 이 소식이 반도란 학장님께 들어갔는지, 특별예배 시간에 간증을 하게 했으며, 더욱이 그 후에도 두 번씩이나 설교할 기회를 주셨다. 아마 이분이 저술하고 계시던 책에도 내 이야기를 소개하신 모양이었다. 미련한 자를 들어 지혜로운 자를 부끄럽게 하시고 약한 자를 들어 강한 자를 부끄럽게 하신다는 고린도전서 1장 26절 이하의 말씀을 뼈저리게 느낄 수 있었다.

이렇게 여러 가지 어려운 사건들을 만났지만 하나님의 인도하심을 따라 학업을 마치게 되었다. 나는 전체 128명 중 74등으로 졸업했다. 이것은 일본 학생 '다나'보다도 조금 좋은 성적이었고, 대만이나 싱가포르 등 아시아인들 중에서는 가장 좋은 성적이었다.

12

성지순례와
유럽 전도 여행

　　영국에서 로저(Rogero)라는 친구를 알게 되었다. 그는 미국 C.C.C. 선교사인데, 그의 아내의 나라인 독일에서 선교 활동을 하기를 원하여 성경학교에서 공부를 하고 있었다. 하루는 그 친구가 자기에게 문제가 있어서 그 부부는 아이를 가질 수 없다고 하면서 자기를 위하여 기도해 달라고 하였다. 나는 믿음에는 능치 못함이 없지 않은가, 살아 계신 하나님께 한번 구해 보라, 구하면 얻을 것이요 찾는 자가 찾는다는 말씀이 있지 않은가 하고 이야기해 주었다. 그리고 이것을 위해 함께 산상기도를 가자고 제의하였다.
　　하루는 정말 차를 몰고 인근의 산꼭대기로 올라갔다. 그러나 아무리 가도 기도를 할 만한 장소가 없었다. 한국에서는 웬만한 산에 가도 밤새도록 이슬을 맞으며 기도할 수 있었던 것을 생각하니 더욱 한국이 그립기도 했다. 우리는 할 수 없이 산꼭대기에 차를 세우고 차 안에서 둘이 합심하여 간절히 크게 기도하였다. 그가 나에게 기도해 달라고 했다. 나는 안수기도라 망설여졌으나 우리 둘만 있었고 나도 주님께서 그에게 아기를 주셨으면 하는 간절한 바람이 있어 기도해 주었다.

이 산상기도 후에 우리는 학교에서 아침기도회를 만들어 매일 아침마다 우리들의 기도 제목을 놓고 기도하였다. 하나님은 구하는 자에게 주시는 분이셨다. 나중에 1972년에 내가 독일에 갔을 때 로저의 집을 방문했는데, 그 부부가 아기를 낳았다고 했다. 기뻐 어쩔 줄을 모르며 나에게 통닭구이까지 대접해 주었다. 우리는 살아 계신 하나님, 능치 못하심이 없는 하나님이 오늘도 우리와 함께하신다며 주께 한껏 영광을 돌렸다.

그때 산꼭대기 차량 안에서 기도했을 때 나도 기도 제목이 하나 있었는데, 해외에 나온 김에 예수님이 걸으시던 이스라엘 땅에 꼭 가 보고 싶다는 것이었다. 하지만 아무리 꼭 가 보고 싶어도 도저히 갈 수 없는 형편이었다. 이스라엘에 가기 위해서는 그곳에 있는 분으로부터 초청장을 받아야 함은 물론, 여행비가 있어야만 했다. 모든 것이 불가능했지만 나는 간절하게 바라며 계속 기도했었다.

그런데 학생들 중에 정말 우연히(하나님께는 필연이고 기도에 대한 응답이지만) 알게 된 네덜란드인 Carrie Steneker 자매가 내 이야기를 들었다. 내 이야기를 듣고는 이스라엘에서 고아원을 하는 언니에게 연락하여 초청장을 받게 해 주었다. 하나님께 무한 감사와 영광을 돌려 드렸다.

하지만 이번에는 여행비가 없는 것이 문제였다. 최소한 20파운드가 더 있어야 해서 나는 주님께 이 돈을 채워 달라고 기도하였다. 그러던 어느 날, 1969년에 로마에서 나를 데리고 일일이 안내해 주었던 호주 선교사(40세) 한 분이 연락을 해 왔다. 이분의 이야기가, 한국의 여성들이 너무 아름다운 데 놀랐다면서 꼭 한국 자매와 결혼하고 싶으니 한국 신붓감 한 분을 구해 달라는 것이었다. 그러면서 놀라운 것은 이 선교사가 내가 주님께 기도한 바로 그 금액의 돈을 함께 보내 온 것이었다. 나는 너무나도 세밀한 하나님의 응답에 그저 놀라울 뿐이었다.

학교를 마치고 나는 수속을 밟았다. 이스라엘에 가는 도중에 노르웨이, 스웨덴, 덴마크에 계신 세계병원선교회 임원들로부터 초청을 받아서 각 곳에서 간증과 말씀을 인도하였다. 그곳에서도 의사, 간호사 및 열심 있는 사람들은 철야기도와 금식기도를 하며 갖가지 은사도 받고 열심히 신앙생활하는 것을 보며 하나님은 한국뿐 아니라 어느 곳에 있든 당신을 사모하는 사람들에게 은혜를 내려 주심을 알 수 있었다.

덴마크에서 이스라엘행 비행기를 타고 그리워하던 이스라엘 땅, 예수님이 사시던 땅으로 가는데 아랍 상공을 지나게 되었다. 얼마 전 아랍 상공을 비행하던 여객기를 고사포로 쏴서 추락시킨 일이 있었다고 들었다. 그런데 웬걸? 조금 후에 엄청난 소리가 들렸는데 꼭 고사포 소리 같아서 '아이쿠! 이제는 죽었구나!' 하는 생각이 번쩍 들었다. 알고 보니 고사포 소리가 아니라 뒷좌석에 앉아 있던 사람의 재채기 소리였다. 잔뜩 긴장한 마음에 고사포 소리로 들렸나 보다. 나는 나의 믿음 없음과 겁이 많음을 다시 한 번 회개하였다.

이렇게 해서 이스라엘 텔아비브 공항에 무사히 도착했다. 공항에서는 입국심사를 하는 데에도 군인들이 잔뜩 있어 한 사람씩 일일이 심하게 감시하고 있었다. 나는 마침 스웨덴에서 이스라엘 국기 마크를 구입한 것이 있어 얼른 꺼내 양복 깃에 달았다. 그래서 그런지 조사를 세밀하게 받지 않고 통과할 수 있었다.

내가 가는 목적지는 6일전쟁에서 이스라엘이 아랍으로부터 빼앗은 땅에 있는 '라말라'라는 곳이었다. 이곳은 예루살렘과 좀 떨어져 있었다. 가는 도중에도 무장군인들이 곳곳에 서 있는데 분위기가 어찌나 살벌하고 무서운지 벌벌 떨릴 지경이었다. 이곳에는 아랍 사람들과 이스라엘 군인들만 살고 있었기 때문이었다.

라말라에 있는 고아원에 도착하니 Carrie 자매의 언니 Nett Steneker 씨와 Kit Morgan, Mary Jeanne Gillian Spencer 씨가 나와서 반갑게

맞아 주었다. 그곳에는 아랍인 고아 200여 명이 있었다. 나는 저 어린 영혼들에게 전도해야겠다는 생각이 들어 그들과 함께 설거지도 하고 청소도 하고 같이 놀아 주기도 했더니 금방 나를 아버지처럼 졸졸 따라다녔다. 이곳에는 미국인, 영국인, 네덜란드인 간호사 여러분들이 아랍인 고아들을 믿음과 기도로 돌보고 있었다.

아침예배를 드릴 때 말씀을 전하면 영국 간호사가 아랍어로 통역을 하였다. 또한 이곳 간호사들이 감람산을 비롯하여 가버나움, 골고다 등 웬만한 곳은 모두 인도해 주었다. 하지만 내가 가 보고 싶어 하는 사해와 요단강은 거리가 너무 먼 탓에 인도해 주지 않았다. 더욱이 원장님은 이리저리 바빠서 시간이 없었다.

어느 날 나는 원장님께 잠깐 밖에 다녀오겠다고 하고는 예루살렘으로 가서 사해 방향 버스를 탔다. 버스 안은 케케묵은 냄새가 심했고 한국 버스보다 더욱 더러웠다. 게다가 모두가 아랍어로 말하는데 나는 도저히 알아들을 수 없어 머리가 지끈거렸다. 한참을 가는데 어떤 청년 하나가 유창한 영어로 어느 나라에서 왔느냐고 묻는다. 나는 한국 사람이라고 하니까 크리스천이냐고 하기에 그렇다고 대답하니 자기는 한국 사람을 무척 좋아하며 자기도 크리스천인데 친구를 만나서 더욱 기쁘다고 하였다. 나는 친형제를 만난 것처럼 기뻤다. 어디로 가느냐고 묻기에 요단강으로 간다 하니 자기도 그렇다고 하여 우리는 동행하기로 결정했다.

조금 있다가 그가 여리고 성에 가 보았느냐고 묻는다. 아직 못 가 보았다고 하니까 여리고로 먼저 가 보자고 하여 우리는 버스에서 내렸다. 내리고 보니 다른 청년 한 사람과 젊은 아가씨도 일행이었다. 우리 넷은 차를 타고 여리고 성으로 갔다. 그들은 그곳에서 다시 나를 아름다운 수영장이 있는 못으로 인도하였다. 나는 오랜만에 이곳에서 수영 삼아 목욕도 하였다. 그리고 그들이 준비해 온 바나나로 점심을 배불리 먹었다. 나는 주님의 은혜에 너무나도 감격하였다.

　북유럽인 덴마크에서는 추워서 속내의까지 입어야만 했지만, 이스라엘은 기온이 높아 덥고 목욕도 제대로 못한 상태에서 땀이 쉴 새 없이 흐르고 있었는데 목욕뿐 아니라 수영까지 하게 해 주시며, 더욱이 한국에서는 먹기 힘든 바나나로 배불리 먹게 하시니 얼마나 기분이 좋고 감동이 되었는지 모른다. 그런데 함께 온 아가씨가 내 옆에서 줄곧 따라다녔다. 그녀는 내 가방에 특히 큰 관심을 가지고 있는 듯했다. 하지만 나는 전도자들이 해외에 나오면 특히 이성을 조심해야 한다는 생각을 늘 가지고 조심스럽게 행동하였다.

　수영을 하고 나니 그들이 2천 년 된 집에 가 보고 싶지 않느냐고 한다. 그럼 요단강에는 언제 가느냐고 하니 내일 가자고 하여 그러기로 하고 우리는 차를 타고 다시 2천 년 된 집으로 향하였다. 나는 찬송이 절로 나왔다. 뜻하지 않게 예수님 당시의 집을 볼 수 있다는 것이 그저 흥겹기만 해서 주님을 찬양하는 찬송이 흘러나왔다. 그 집으로 가는 길은 굉장히 멀었다. 그런데 어느 남루한 집으로 들어가는데 벽은 몹시 두텁고 천장에는 거미줄이 그대로 걸려 있었고 남루하고 썩은 냄새가 났다. 마치 2천 년 된 집 같았다. 언뜻 기분이 나빴으나 다시 기쁜 마음을 가질 수 있었다.

　방에는 낡은 캐비닛과 탁자와 의자 둘과 침대가 있었다. 그 아가씨는 얼른 침대에 가서 누워 요염한 표정을 취하고 있었고, 한 청년은 내 옆에, 다른 청년은 문 앞에 서 있었다. 조금 후에 머리가 하얀 할머니가 진한 커피를 가져왔다. 마당에는 기분 나쁘게 거북이가 왔다 갔다 한다. 나는 커피를 그냥 마시려다가 커피가 너무 시꺼멓게 타 있어 우선은 꺼리는 마음이 들었고, 그들이 나를 이곳으로 인도하느라고 너무도 수고하였기에 먼저 기도하자고 하였다.

　그러자 그 청년이 기도가 무엇이냐고 한다. 나는 너무나도 놀랐다.

크리스천이라고 하면서 기도를 모르다니. 그러고 보니까 아까 수영장에서도 내 짐을 지켜 주느라고 내 가방이 있는 데로 자꾸 가던 것이 떠올라 이상한 기분이 들었다. 그들의 얼굴도 긴장이 되어 있는 것 같았다. 나는 무조건 머리를 숙이고 집이 쩡쩡 울리도록 큰 소리로 기도하였다. 얼마나 기도했을까? 나는 몸이 뜨거워지면서 저들에게 돈을 주라는 마음이 들어 주머니에 있던 20달러를 던져 주고는 어떻게 나왔는지 나도 알 수 없을 정도로 그곳을 빠져나왔다. 약간 기억나는 것은 내 몸이 둥둥 뜨는 듯했다는 것이었다.

내가 다시 고아원에 돌아오니 고아원 선생님들과 간호사들이 어디에 다녀왔느냐고 하면서 무척 기다렸다고 한다. 내게 일어났던 일을 이야기해 주었더니 깜짝 놀라면서 큰일 날 뻔했다고들 한다. 그 이유는 아랍인들이 그런 수단으로 관광객들에게서 갖가지 돈, 옷, 물품을 빼앗고 심하면 살인까지 한다고 하였다. 그렇기 때문에 그곳에서는 단체로 버스를 대절하거나 차량을 대절하여 여럿이 함께 행동을 취해야만 한다고 하였다. 더욱이 내가 가려고 했던 요단강 근처는 6일전쟁 이후라 지뢰를 각 곳에 묻어 두어 출입이 금지되어 있다는 것이었다.

나는 긴 한숨을 몰아쉬며 주님께 감사기도를 드렸다. 아마도 주님은 걸음마를 갓 배운 어린 아기가 아장아장 지뢰 숲으로 죽으러 가는 것을 보고 속이 타서 아기를 얼른 다른 곳으로 인도하는 아버지처럼, 지뢰가 터져 죽을지도 모르는 위험을 안은 채 예수님이 세례받으시던 곳으로 가는 나를 보시고 너무나도 안타까우셔서 강도들을 통하여 나를 구경까지 시켜 주시고 구해 내신 것이었으리라. 나의 방패 되시고 산성이 되시는 주님께 감사 찬송을 드릴 뿐이었다. 임마누엘!

그 후 이스라엘의 갈릴리에 구경하러 갔다가 나는 영국에 있는 목사님을 알게 되었다. 그분은 친구가 한국에서 순교하였기 때문에 자기도 한국을 사랑한다고 했다. 그는 나의 간증을 통하여 많은 은혜를 받았다며 갈릴리 모임에서 간증할 수 있도록 기회를 만들어 주었다. 어느 곳을 가든 주님은 당신의 증인으로 어린 나귀 같은 나를 타고 계심에 할렐루야 감사를 드리며, 나의 기도를 들어주사 이스라엘 방문을 은혜 가운데 마치게 하심에 감격할 따름이다. 그래서 나의 첫 번째 해외여행은 주님의 놀라운 인도하심 아래 마무리할 수 있었다.

13

오스트리아 세계병원선교회 국제대회 강연

하나님은 1972년 6월 오스트리아 쾌센(Köessen)에서 열린 세계병원선교회 국제대회에 강사로 나를 부르셨다. 사실 영어도 유창하게 잘하지 못하는데 유럽 현지의 여러 강사들 틈에서 강연을 하게 되다니 이 어찌 하나님의 은혜가 아닌가? 하나님께서 사용하기 원하신다면 그 어떤 일도 이루어질 수 있다는 것을 생각하면서 많은 은혜와 도전을 받았다.

이렇게 국제대회에서 강사로 참여하고 난 뒤 나는 독일의 여러 지역을 다니며 설교를 하였다. 세계병원선교회에서는 노르웨이에 가서 말씀을 인도할 것을 요청하였다. 그런데 영국 리버풀병원(Riverpool Hospital)에서 근무하는 의사 최봉근 선생님으로부터 내 소식을 들었다면서 영국에 꼭 방문해 달라는 전갈이 왔다. 나는 노르웨이로 갈까 영국으로 갈까 생각하다가 길 잃은 1마리 양을 찾아나서는 주님의 은혜가 생각나서 기도 후에 영국으로 건너가기로 결정하였다.

문제는 영국에 가기 위해서는 여비와 용돈이 있어야 하는데 나에게는 그런 돈이 없다는 점이었다. 그런데 그날 밤 어느 호텔에서 간증 설교를 할 수 있는 기회가 생겼다. 그래서 영국으로 갈 수 있는 돈이 생겼다. 나는 주님께 얼마나 감사했는지 모른다. 모든 것을 예비하시고 한 영혼을 구하기 위해 일하시는 주님을 뵐 수 있었다.

영국으로 건너가서 나는 처음으로 최봉근 선생님과 김행림 사모님을 만났다. 우리는 최봉근 선생님의 초라한 집에서 말씀으로 피차 크게 은혜를 받았다. 최봉근 선생님은 우리 한국병원선교회에서 하나님의 충성된 일꾼이 되었다.

나는 1972년에 이어 1975년에도 오스트리아 대회에서 강사로 초청되었다. 부족한 자를 사용하시는 하나님께 크신 영광을 돌려 드린다. 이 1975년 오스트리아 집회 때 최봉근 선생님이 참여하여 우리 한국 자매님들에게 일일이 통역을 해 주며 자매들을 돌보아 주셨다. 그는 이제는 영국의 귀한 한국병원선교회 선교사로 서 있게 되었다. 1977년 5월에는 잠시 귀국하여 시내 각 병원과 본 선교회 회관에서 고국의 동료들에게 말씀을 전하며 은혜의 시간을 갖고 나서 영국으로 돌아가셨다.

하나님은 실로 나의 유익을 원하지 않으시고 하나님의 뜻에 순종하기를 원하고 계심을 더욱 느낄 수 있었고, 예수님께서 많은 무리에게 설교를 하셨지만 늘 12제자에게 초점을 맞추신 것처럼 지금도 당신의 충성된 제자를 살피고 돌보시고 양육하시는 것을 볼 수 있었다.

14
신학을 공부하게 되다

나는 평신도로 늘 병원을 돌아다니며 전도하는 것이 소원이었다. 그러나 어느 날 노르웨이에서 오신 레키보 선교사님의 권유와 도움으로 신학교에 들어가게 되었다. 레키보 선교사님을 알게 된 것은 지난날 내가 아버님의 환갑 때 고향에 내려갈 돈이 없어서 곤란했을 때였다.

그날 국립의료원에서 전도를 하고 나왔으나 환갑을 맞으실 부모님 생각이 간절하여 가슴이 아파서 시무룩한 표정으로 병원 정문 앞을 지나는데 어느 외국인이 나를 붙잡더니 자기 집으로 꼭 함께 가 달라고 하는 것이었다. 왜 그런가 하며 따라가는데 집으로 나를 안내하더니 자기가 길을 걸어가는데 주님께서 당신에게 돈을 주라고 너무나도 강하게 지시하셔서 당신을 데려왔다고 했다. 그러면서 얼마가 필요하냐고 물어보셨다.

나는 눈물이 왈칵 쏟아졌다. 이분이 바로 레키보 선교사님인데, 그는 내가 아버님 환갑에 다녀올 수 있는 돈을 내주며 앞으로 어려움이 있을 때마다 찾아오라고 하셨다. 주님은 실로 하나님의 나라와 당신의 의를 구하는 자에게 필요한 모든 것을 제공해 주시는 분이시다. 이 계기로 레키보 선교사님을 알게 되었고 이분의 도움으로 신학 공부를 하게 되었다.

그 후 나는 백낙준 박사님(한국병원선교회 명예 회장)의 추천과 도움, 그리고 그 밖에도 최 장로님과 뜻있는 여러분들의 도움으로 서울신학대학을 마치고 장로회신학대학원을 졸업하게 되었다. 신학을 마치기까지 최 장로님의 정성 어린 물질적 도움과 아내의 눈물의 기도와 사랑을 잊을 수가 없다.

신학을 공부할 때에는 가뜩이나 시간이 없는데 학교까지 다니자니 눈코 뜰 새 없이 바쁜 생활의 연속이었다. 수업을 받다가도 병원에서 (전도사님이나 회원들을 통하여) 무슨 일이 있다고 학교로 연락이 오면 나는 얼른 병원으로 달려가 먼저 환자를 찾았으며, 그들의 사정과 필요한 것이 무엇인지 알아보고 환자를 위로하고 간절히 기도해 주며 예수님을 소개하곤 했다.

공부를 위해 신학을 배우는 것보다는 병원전도가 먼저라는 생각이 강했기 때문이었다. 시간이 쪼들리는 내 형편을 주님이 아시고 프란시스 그림 회장님을 통하여 오토바이를 한 대 주셨다. 나는 웨-엥 하고 오토바이를 타고 다니며 이 병원, 저 병원, 그리고 학교에 다니며 감사한 나날을 보낼 수 있었다.

1976년 10월 5일, 주님은 나를 강권하다시피 하여 대한예수교장로회 경기서노회에서 목사 안수를 받게 하셨다. 영주 산골짜기에서 자라난 내가 주님의 속을 무던히도 썩였고 무지하여 안타깝기만 했었는데 이제는 부족하나마 주의 작은 종의 대열에 끼게 되었다. 주님은 나 한 사람을 목사로 만드시기 위해 얼마나 섬세한 손길로 순간순간 지켜 주셔야만 했는지 모른다. 나는 그저 병원선교를 위한 목회자로 주님께서 인쳐 주심에 감격할 따름이다.

제2장
병원전도에서 잊을 수 없는 환자들

1. 위암 환자 김영삼 씨
2. 살인수 변문제 씨
3. 무료병동의 김혜란 모매님
4. 친구 반재명 씨
5. 담배 피우던 강복삼 씨
6. 죽음이 임박했던 최대관 씨
7. 죽음 가운데에서 소생한 송공섭, 최창순 씨
8. 버거스병 환자 이항구 씨

1

위암 환자
김영삼 씨

　찌는 듯이 무더운 8월, 하루 종일 국립의료원 생화학실 실험실에서 실험하느라고 심히 피곤했지만 많은 환자를 그냥 두고 집으로 돌아갈 수는 없었다. 국립의료원 동5병동 9호실에 있는 김영삼 환자를 방문하였다. 이분은 전남 남원에서 70리가량 떨어진 산골짜기에서 온 화전민이었다. 그는 옥수수 밭을 경작하여 그 수확물로 생명을 이어가는 매우 어려운 생활을 하고 있었다. 그런 생활 중에 갑자기 위암에 걸리게 되었다.
　수년간 치료를 받았으나 병세는 날로 악화되어, 기왕 죽을 바에는 병원에서 수술이나 한번 받아 보았으면 하는 소원을 가지고 국립의료원으로 찾아왔다고 했다. 복잡한 3등 열차에 아프고 여윈 몸을 싣고 오면서 기차에서 떨어져 죽을까도 생각했으나 인명은 재천이라 자기 목숨 하나 끊는 것도 마음대로 할 수는 없었다고 했다. 쓰라린 아픔을 견디면서 서울역에 내려 간신히 을지로6가에 있는 국립의료원 정문까지 왔으나 더 이상 자기 몸을 이겨 낼 수가 없어서 그 앞에서 쓰러져 버렸다고 한다.

　수없이 많은 사람들이 지나갔지만 누구 한 사람 자기를 거들떠보지 않았다. 그때 키가 큰 외국인이 다가오더니 유심히 바라보고 혼자 중얼중얼하면서 무조건 이 환자를 응급실로 인도하여 몇 가지 검사와 응급처치를 받게 하고는 국립의료원 동5병동에 입원시켜 주었다고 한다. 그 후 그는 다섯 번이나 수술을 받았지만 별 효과가 없어 더 이상 살 수 없다는 절망 아래 삶을 포기하고 죽음을 기다리고 있었다. 막상 죽는다고 생각하니 죽음에 대한 두려움과 공포심이 아픔과 같이 느껴져 견딜 수 없는 지경에 놓이게 되었다.

　그러던 중 오늘 새벽에 이상한 일이 일어났다고 한다. 비몽사몽간에 하얀 옷을 입은 분이 지팡이를 짚고 집에 찾아와서는 "예수를 먹어라! 그러면 영원히 살 수 있느니라!" 하면서 물러갔다고 하였다. 나는 불현듯 성령님의 인도하심을 따라 그 환자의 방으로 가게 되었다. 그는 내가 문을 열고 들어서자마자 나를 보고 묻는다.

　"선생님! 예수가 무슨 약이지요? 마이싱인가요? 어떻게 생겼나요?"

　나는 매우 당황하지 않을 수 없었다. 나는 잠시 '주님이시여! 이 김영삼 환자가 예수님에 대해서 무척 알고 싶어 하는 것 같습니다. 저 불쌍한 심령에 성령님께서 역사하셔서 하나님 나라와 예수님을 알게 하시고 예수님을 믿음으로 영생을 얻도록 해 주소서!' 하고 마음속으로 간절히 기도드렸다. 그리고 대화를 시작하였다.

　"김 형제님, 예수라는 약은 두 알로 되어 있습니다."

　"네! 두 알이라고요? 그 약을 어디에서 구할 수 있습니까?"

　"제가 지금 가지고 있는 이것이 구약과 신약으로 되어 있습니다. 그래서 이 두 약이 바로 예수약입니다. 이 예수약을 드시면 분명히 살 수 있습니다."

　나는 웃으면서 이야기했다. 하지만 그는 당황하면서 무슨 말인지 이해할 수 없다는 표정을 지었다. 나는 이 김영삼 환자에게 예수는 약이 아니라 하나님의 아들이시며 그를 먹는 것이 아니라 믿는 것이라고 가르쳐 주었다.

"영삼 형제님, 인생은 이 세상에서 잠깐 다녀가는 나그네입니다. 나그네로 살아가는 인생길은 질병으로 인한 고통과 근심과 염려로 무거운 짐을 지고 살고 있는 것과 같습니다. 이 모든 무거운 짐을 예수님 앞으로 나와서 다 맡기면 모든 죄악의 짐에서 해방되어 참된 평안과 영원한 생명을 얻게 되는 것입니다. 그리고 이 땅에서 진정한 행복을 누릴 수 있게 되는 것입니다. 영삼 형제님은 자신이 너무나 약한 것을 이번 기회에 깨닫지 않으셨습니까? 이제는 강하신 예수님께 다 맡기시고 그분을 믿으시기 바랍니다.

예수님께서는 영삼 형제님을 대신하여 십자가에 달리셔서 두 손과 두 발에 대못이 박히시고 가시 면류관에 머리가 찢어져 흘리신 피로 영삼 형제님의 모든 죄를 다 씻어 주시고 돌아가셨습니다. 하지만 예수님은 죽으신 지 사흘 만에 다시 살아나셔서 40일을 이 땅에 계시다가 하늘로 승천하셨습니다. 이 하나님의 아들 예수 그리스도를 믿으시고 마음에 영접하시면 영삼 형제님은 영원한 생명을 얻게 되시는 것입니다."

떨리는 목소리로 간곡하게 이야기하자 환자의 두 눈에서는 뜨거운 눈물이 줄줄 흐르고 있었다.

"나 같은 죄인도 영생을 얻을 수 있을까요?"

"물론이지요."

"그럼 내가 지금 죽어도 천당에 갈 수 있다는 말입니까?"

"갈 수 있고말고요."

그의 얼굴이 벌겋게 타오르고 있음을 볼 때 성령님의 역사하심이 강한 것을 느낄 수 있었다.

"오! 할렐루야! 주님이시여! 사랑하는 영삼 형제에게 성령님으로 임재해 주셔서 그가 예수 그리스도를 믿음으로 영생을 얻을 수 있음을 감사드립니다."

이렇게 기도할 때 나 자신도 모르게 나의 두 눈에서도 감격의 눈물이 흘렀다. 이때 김영삼 환자가 1가지 요청을 하였다.

"선생님, 그러면 이제 하셨던 염불을 나에게도 가르쳐 주실 수 있는지요?"

"예? 염불이라고요? 영삼 형제님, 다시는 염불이라는 말을 쓰지 마십시오. 염불이 아니라 기도입니다."

"글쎄요. 그 염불기도요."

"글쎄 염불이라는 말은 우리 기독교에서는 써서는 안 되는 말입니다. 기도입니다."

"그럼 기도를 가르쳐 주십시오. 나도 언문(한글)을 조금 안답니다. 써 주시면 보고 읽고 외우겠어요."

나는 간호사실에 가서 흰 종이 1장을 얻어 왔다. 그리고 주기도문을 큼지막하게 써서 내가 먼저 읽고 따라 읽게 하기를 세 번 반복하였다. 영삼 환자는 한 절 한 절 읽을 때마다 눈물이 흘러 제대로 따라 읽지 못하곤 하였다.

"위암으로 수술을 다섯 번이나 받는 동안 나는 두려움에 떨면서 꼭 죽는 줄로만 알았습니다. 내가 그 사이에 죽었다면 너무도 억울할 뻔했군요. 이제는 예수님을 생각하면서 편히 죽을 수 있습니다. 내 몸이 죽어도 죽는 것이 아니라니…."

김영삼 환자는 감격하여 계속 어찌할 바를 모르고 있었다. 그러더니 환자용 서랍을 가리킨다.

"선생님, 제 책상 서랍 속에 있는 비닐봉지를 좀 꺼내 주세요."

내가 비닐봉지를 꺼내 주었는데 그 속에는 다 상한 토마토 3개가 설

탕물에 재워져 있었다. 김영삼 환자는 그 상한 토마토 1개를 집어 의아하게 바라보고 있는 나에게 건넸다.

"선생님은 나의 생명의 은인이십니다. 내가 선생님의 은혜에 보답할 수 있는 것은 이 토마토밖에 없습니다. 자! 드세요."

나는 깜짝 놀랐다. 상해서 고약한 냄새까지 물씬 풍기는 토마토를 어찌 먹으라는 말인가!

"저는 안 먹어도 괜찮습니다."

나는 먹고 싶은 마음이 전혀 없었다. 하지만 김영삼 환자는 내 말은 들은 척도 하지 않고 또다시 먹기를 권한다. 내가 먹지 않으면 크게 실망할 것 같아서 하나를 받아서 눈을 꼭 감고 입에 넣어 꿀꺽 그냥 삼켜 버렸다. 그 썩은 토마토가 들어가니 내 속이 뒤틀리고 뒤집히는 것만 같았다. 그러나 이 환자가 혹 오늘 밤에라도 주님 품으로 갈지 모르는데 이것으로 실망시켜 줄 수가 없어 눈을 꼭 감고 맛있다는 표정을 환자에게 보여 주었다.

그리고 나니 김영삼 환자가 다시 1개를 더 준다. 눈을 꼭 감고 또 먹었다. 그리고 마지막에는 나도 죽으면 죽으리라는 결심을 단단히 하고 남은 1개를 입속에 넣고 환자에게 즐거운 표정을 지어 보였다. 내 속이 다 뒤틀리는 것 같았다. 내가 맛있게 먹는 것을 본 환자는 너무도 기뻐하면서 내 손을 자기 입에 대고 좋아 어쩔 줄을 몰라 한다.

창백하여 피골이 상접한 얼굴이었지만 눈에 눈물이 어리어 빛이 나고 얼굴은 상기된 채 감격해하는 그의 모습을 보노라니 천사들의 모습이 바로 이와 같지 않을까 하는 생각이 들었다. 한참을 내 손을 부여잡고 자기 얼굴에 문지르고 하더니 나를 쳐다보면서 뭔가를 요청한다.

"선생님! 선생님이 가지고 계시는 그 예수책 말입니다. 그것을 저에게 줄 수 없습니까?"

'아니! 이 성경책은 결혼식 때 내 아내로부터 받은 유일한 선물인

데….'

나는 김영삼 환자에게 변명을 하였다.

"형제님! 이 책은 저의 아내로부터 결혼식 때 선물로 받은 것이라 곤란합니다. 하지만 내일 아침 일찍이 다른 성경책으로 1권 꼭 가져다 드리겠습니다."

그는 할 수 없다는 표정을 지어 보였다. 하지만 심히 아쉽다는 듯이 내 성경책을 만지작거리더니 나에게 오늘 밤 자기 침대에서 같이 자자고 한다. 그러면서도 계속해서 내 손을 자기 얼굴에 대면서 그렇게 기뻐하고 있었다. 나는 너무 곤란하여 망설이다가 병원 규칙을 비롯하여 여러 가지를 이야기해 주며 설득했다.

"누가 우리를 그리스도의 사랑에서 끊으리요"(롬 8:35)라는 말씀이 생각났다. 33세 된 청년인데 60세가 넘은 할아버지같이 늙어 보였다. 수술을 다섯 번이나 받았으니 그가 얼마나 고생했는지 가히 짐작이 간다. 나는 그날 밤 김영삼 환자와 함께 뜨겁게 기도하고 밤 10시가 넘어 집으로 돌아왔다.

집에 돌아와서도 김영삼 환자를 생각하니 잠을 잘 수가 없었다. 밤새껏 잠을 못 이룬 채 기도로 밤을 새우고 다음 날 아침 일찍 성경책 1권을 들고 김영삼 환자가 입원해 있는 병동으로 달려갔다. 그런데 나의 기대와는 달리 김영삼 환자가 누워 있던 침상이 비어 있는 것이 아닌가! 당황해하는 나를 살피고 있던 그 방의 환자들이 안되었다는 표정을 지어 보이며 어젯밤 김영삼 환자가 주님 앞에 가기까지의 이야기를 들려주었다.

김영삼 환자는 밤이 새도록 잠도 자지 않고 내가 적어 준 주기도문을 계속 읽었다고 한다. 더욱 놀라운 것은 새벽 4시경 병실에 불이 꺼져 있어 어둠이 깔려 있는데 이 환자의 얼굴에서 광채가 나며 아무 고통 없는 평온한 표정으로 웃으면서 숨을 거두었다는 것이었다. 이 모습을 보고 옆 침상의 환자들이 확실히 천국이 있음을 보았다고 이야기해 주었다. 나중에 경험한 일이지만, 예수님을 영접한 성도들이 사망할 때는, 하나님을 모르고 죽은 사람들의 몸이 뻣뻣하게 굳는 것과는 달리, 몸이 마치 살아 있는 것처럼 부드럽다.

나는 지난 저녁에 성경책을 주지 못한 것이 생각나서 가슴이 터질 듯이 괴로웠다. 죽은 사람의 가슴에라도 성경책을 집어넣어 주고 싶었다. 급기야 나는 병리과 시체실로 뛰어 내려가서 아이스박스 안에 있는 시체함을 당겨 내렸다. 시신이 든 철제 관이 앞으로 당겨져 나오는데 마침 병리과 직원이 나오더니 웃으면서 나를 달래듯이 "이러시면 안 됩니다" 하고 타이른다. 나는 그제야 조금이나마 절제할 수 있는 힘이 생겼다.

이미 죽은 사람의 가슴에 성경책을 넣어 주는 것이 무슨 소용이 있겠는가. 가슴이 아프기만 했다. 생전에 그렇게도 예수약(신약과 구약)을 가지고 싶어 했던 김영삼 환자의 심정을 떠올리니, 성경책을 달라 할 때 결혼선물이라고 주지 못했던 나의 옹졸한 믿음이 생각나면서 한없이 부끄러웠다. 지금도 생각하면 가슴 아프기만 하다. 나에게는 그 후로 환자들이 성경책을 달라고 하면 그 자리에서 선뜻 줄 수 있는 마음과 믿음이 생기게 되었다.

김영삼 환자를 통하여 그가 입원해 있던 동5병동의 환자들뿐 아니라 간호사들과 의사들이 그날 밤 일어났던 일들, 곧 임종 때의 그의 모습을 목격하거나 또는 그 이야기를 듣고 하나님께 크게 영광을 돌렸다. 이 이야기는 곧 전 병동에 퍼져 화젯거리가 되어 하나님께 영광을 돌리게 되었고, 나의 병원전도의 발걸음도 이 병실 저 병실로 더욱 바쁘게 옮겨 다니게 되었다.

2

살인수
변문제 씨

  매주 월요일 오후 6시 30분에 동부시립병원 간호사 자매들과 함께 예배를 드리고 때로는 그들과 함께 병실전도를 하곤 하는데, 어느 날 다른 날과 다름없이 예배 인도를 마치고 간호사들과 이야기를 하는 도중에 한 간호사가 우리 병원에 입원한 변문제 환자를 심방하는 것이 어떻겠느냐고 제안하면서 약간은 두려워하는 표정을 보였다.

  나는 좋은 생각이라고 하면서 간호사들과 함께 변문제 환자를 심방하기 위해 316호실로 올라갔다. 이 환자는 오직 죽기만을 소원하고 있었다. 그에게는 군대 복무 중에 사귄 애인이 있었는데 수년 동안 깊은 교제를 해 왔으나 현실적으로 도저히 그들의 사랑을 이룰 수 없는 처지에 이르렀다고 생각하게 되었다. 그는 술집 종업원으로 일하고 있는 그의 애인을 만나 사람이 잘 다니지 않는 한적한 곳으로 가서 함께 술을 마시며 신세타령을 한 후 다시 애인의 집으로 내려왔다.

  그리고 도저히 결혼할 수 없음을 비관하여 이럴 바에야 차라리 함께 죽어 버리자는 순간적인 결심을 따라 시커먼 부엌칼로 먼저 애인을 찔러 버렸다. "으악!" 소리를 지르며 애인은 그 자리에서 죽었다. 그는 애인을 찌른 칼로 자기 배도 힘껏 찔렀다. 그러나 칼을 더 깊이 찌르려는 순간 손에 마비가 일어나 더 이상 찌를 수가 없었고 또 심한 현기증에 그는 그 자리에 쓰러져 의식을 잃었다.

선혈이 낭자한 채 쓰러져 있는 것을 발견한 애인의 부모님이 동부시립병원으로 옮겨 입원을 시켰다. 그 후 수개월간 입원하여 여러 차례 수술을 받았으나 살인자라는 죄책감과 공포심, 그리고 오직 죽음만이 모든 괴로움과 고통에서 벗어날 수 있는 탈출구라고 생각하며 몸과 마음이 약해질 대로 약해져 가고 있었다.

병실 문을 열고 들어서니 형사 두 사람이 감시를 하고 있었고 살고 싶은 소망을 상실한 채 공포에 질려 있는 변문제 씨가 침상 위에 앉아 있었다. 나는 "안녕하십니까?" 하면서 악수를 청하고 그의 손을 잡았다.

그의 손은 아직도 마비된 것 같았고 차갑게 굳어 있었다. 나는 요한복음 3장 16절의 말씀을 읽어 드리고 이 환자를 위한 간증을 찾다가 과거 김 중령의 가족 여섯 식구를 죽인 고재봉 씨를 생각해 내었다. 그는 여섯 사람을 죽인 악독한 살인마였지만 그의 심령 밭에 복음의 씨가 떨어졌을 때 회개하고 돌이켜 주님의 백성이 되었고 하늘나라로 갔기 때문이었다.

본회의 안국선 간사님이 살인자 고재봉 씨에 대한 신문 기사를 읽고 나서 갑자기 고재봉 씨에게 복음을 전해야 한다는 뜨거운 마음을 느껴, 전도하지 않고는 견딜 수 없는 심령으로 여러 차례 형무소를 찾았다. 그렇게 고재봉 씨를 면회하여 꾸준히 복음을 전한 결과 그가 회개하고 예수님을 영접하게 되었던 것이다.

그는 사형당하기 전에 신약 스무 번, 구약 다섯 번을 읽었으며, 또한 하나님께서 비몽사몽간에 환상을 보여 주셨다고 한다. 어느 날 그가 기도하고 있는데 갑자기 하늘에서 음성이 들려왔다고 한다.

"재봉아! 재봉아! 밧줄을 잡아라!"

하늘을 쳐다보니 천장에서 줄이 내려왔는데 그 줄을 잡고 한참 올라가다가 천사가 내려라 하여 내려가 보았더니 그곳이 지옥이었다고 한다. 지옥의 참상은 글로 다 표현할 수 없을 정도로 비참하고 참혹하여 그 속에서 신음하는 사람들을 더 이상 보고 있을 수가 없었다고 한다.

그래서 천사에게 천국을 보여 달라고 간청했고, 천사의 인도로 천국 문에 들어서니 그야말로 이 세상의 말과 글로는 표현할 수 없는 아름다움과 평화와 사랑이 넘치는 그런 곳이었다고 한다. 하지만 추한 자기가 서 있기에는 너무 민망하여 어쩔 줄 모르고 있는데, "앞으로 56시간만 지나면 네가 이곳에 올 것이다"라고 천사가 이야기해 주었다고 한다.

고재봉 씨는 너무 황송하고 기뻐서 어쩔 줄 모르고 서 있는데 환상이 사라지고 다시 차가운 감방 속에서 기도하고 있는 자신을 발견하게 되었다고 한다. 고재봉 씨는 너무 기뻐서 그때부터 자기 가까이 있는 죄수들에게 자기는 앞으로 56시간만 있으면 하늘나라로 가게 된다면서 자기가 보았던 지옥과 천국에 관한 이야기를 들려주며 한 사람 한 사람씩 붙들고 열심을 다하여 간곡하게 예수 믿으라고 전도했다고 한다. 그리하여 많은 죄수들이 감동을 받고 예수님을 영접하게 되었다고 한다.

그는 그 후 그의 말대로 56시간 만에 수색사형장으로 나가게 되었고, 그렇게 감방을 떠날 때 많은 죄수들에게 웃으면서 악수를 청하고 장차 하늘나라에서 다시 만나자는 인사를 하여 예수님을 구주로 영접한 사람들이 많이 나왔다고 하였다.

수색사형장에서 고재봉 씨에게 유언을 물었을 때 "하나님이 세상을 이처럼 사랑하사 독생자를 주셨으니 이는 그를 믿는 자마다 멸망하지 않고 영생을 얻게 하려 하심이라!"고 성경말씀을 외치고 나서 찬송가 "인애하신 구세주여! 내 말 들으사, 죄인 오라 하실 때에 날 부르소서!"

를 힘차게 부를 때에 총소리와 함께 주님의 품으로 들어갔다는 간증이었다.

이 이야기를 들려주었을 때 변문제 환자는 심각하게 듣고 있었으나 아무런 반응을 보이지 않았다. 그러나 일주일 후 간호사로부터 변문제 씨가 나를 만나고 싶어 한다는 전갈이 왔다. 그를 찾아갔을 때 지난번과는 달리 그의 얼굴이 매우 부드러워져 있었고 웃으면서 나를 반갑게 맞아 주었다. 함께 예배를 드리면서 간절하게 기도를 드릴 때 그의 두 눈에서 뜨거운 눈물이 흘렀고 그는 비로소 회개하기 시작하였다.

그가 조용히 이야기하고 싶다고 하여 형사들의 감시 아래 병원 뜰에서 약 1시간 동안 대화를 나누었다. 이때 자기 애인을 찔러 죽이게 된 경위를 고백하면서 자기의 잘못과 진정한 뉘우침으로 심히 애통하는 심령을 보여 주었다. 또한 그는 자기 어머님이 사 오신 토마토를 나에게 주면서 꼭 대접하고 싶은데 이것밖에 없다고 하며 눈시울을 적셨다. 나는 그와 함께 이 토마토를 나누어 먹었다.

이야기를 마친 그는 다음 날 서대문형무소로 간다고 하며 창백한 얼굴에 미소를 띠고 "저도 예수님 믿어도 되죠?" 하고 묻는다. 나는 너무나도 기뻐 그의 손을 꽉 잡고 고개를 힘차게 끄덕여 주었다. 그는 앞으로 자기가 이 땅에 있을 날이 얼마 되지는 않지만 고재봉 씨처럼 예수님을 전하겠다고 한다. 그러면서 자기 생애 처음으로 평안한 마음과 삶의 보람이 무엇인가도 느꼈다고 한다.

그 후 약 1개월이 지난 뒤 병원에서 그를 간호하던 박혜영 자매님과 함께 서대문형무소로 찾아가 면회를 하였다. 초췌해 보이던 얼굴은 몰라볼 정도로 좋아져 있었다. 그의 얼굴에는 윤기가 흐르며 나를 보자 너무 기뻐 감격의 눈물을 흘렸다. 나는 고린도후서 1장 1-7절 말씀을 드렸고, 훗날 그리스도 안에서 그를 다시 만날 수 있음을 확신하면서 서대문형무소를 나왔다.

3

무료병동의
김혜란 모매님

어느 날 무료병동을 돌다가 한 병실로 들어갔는데 50여 세 된 김혜란 모매님이 나를 기다리고 있었다. 그녀는 유암 환자로 죽을 날만 기다리고 있는 가운데 그렇지 않아도 원목실로 연락을 하였다고 하면서 말씀과 기도를 심히 사모하고 있었다. 나는 성령께서 오늘 이 환자에게로 인도하심을 생각하고 감사하는 마음으로 조용히 다가갔다.

"모매님, 찬송을 불러 드릴까요?"

그녀는 감격한 눈으로 고개를 끄떡인다. 나는 조용히 찬송을 부르기 시작했다.

"내 영혼의 그윽히 깊은 데서 맑은 가락이 울려나네.
하늘 곡조가 언제나 흘러나와 내 영혼을 고이 싸네.
…………
이 땅 위의 험한 길 가는 동안 참된 평화가 어디 있나?
우리 모두 다 예수를 친구 삼아 참 평화를 누리겠네."

4절까지 부르는 동안 모매님의 두 눈에서는 눈물이 줄줄 흘러내렸다. 나는 계속해서 이야기를 했다.

"히브리서 12장 5-7절에 '내 아들아 주의 징계하심을 경히 여기지 말며 그에게 꾸지람을 받을 때에 낙심하지 말라 주께서 그 사랑하시는 자를 징계하시고 그가 받아들이시는 아들마다 채찍질하심이라 하였으니 너희가 참음은 징계를 받기 위함이라 하나님이 아들과 같이 너희를 대우하시나니 어찌 아버지가 징계하지 않는 아들이 있으리요' 하셨습니다."

이렇게 말씀을 읽어 내려가니 절망에 가득 차 있던 모매님의 얼굴에 조금씩 소망의 빛이 감도는 것을 발견할 수 있었다. 나는 이어서 어미 닭이 달걀을 품을 때 21일간을 쉴 새 없이 불철주야 시련을 겪는 실감나는 이야기가 생각나서 말해 주었다.

"21일간 어미닭이 달걀을 굴릴 때 만약 달걀이 사람들처럼 이성이 있다면 '우리 엄마가 나를 특별히 사랑한다고 하면서 나를 달걀 가운데 선택하셔서 품속에 품으시더니, 실제로는 잠을 자지 못할 정도로 계속 굴려서 괴로움을 당하게 하시니 엄마의 사랑을 알 수가 없다'며 불평할 수 있을 것입니다. 하지만 엄마가 하시는 일에 순종할 수밖에 없다고 생각하고 엄마의 품속에서 고된 시련과 아픔을 끝까지 참고 기다린 결과 21일이 되어 가면서는 달걀 자신이 이상한 모습으로 변해 가는 것을 알 수 있을 것입니다.

어느 날 어미닭이 만족한 모습으로 부리로 달걀을 쪼아 병아리가 껍질을 깨고 나오는 것을 도와줄 때 달걀은 자기 옛 모습이 완전히 변하여 광명한 세상으로 부활하게 되는 것입니다. 그때 달걀은 아마도 그 어려운 시련 가운데에서 변화하여 나오게 되니 내가 엄마와 어찌도 이렇게 닮을 수가 있을까 하고 이야기했을 것입니다. 그리고 우리 엄마가 내가 미워서가 아니라 너무나도 사랑하기 때문에 엄마의 형상을 닮게 하기 위해서 값진 훈련을 시켰음을 깨닫게 될 것입니다.

　사랑하는 모매님께서도 그간 암으로 견딜 수 없는 고통과 괴로움을 받았지만 그것은 우리 주님께서 모매님을 멸망시키려는 것이 아니라 예수님의 품속에서 끝까지 훈련을 받게 하여 언젠가는 모매님의 육신의 장막이 무너질 그때 비로소 모매임의 영혼의 모습이 예수님의 모습처럼 변화됨을 바라볼 수 있게 하시려는 것입니다. 아무쪼록 모매님께 고통을 주시는 것은 예수님의 형상으로 닮게 하시려는 목적이 있음을 깨달으시고 지금 이 시간에도 값진 훈련인 이 징계를 주 안에서 잘 감당하시기 바랍니다."

　이렇게 진정으로 권면해 드렸다. 김혜란 모매님은 이야기를 조용히 듣고 있더니 고개를 끄덕이며 좋아서 어쩔 줄을 모르는 것 같았다. 그리고 내가 그 곁을 떠나는 것을 매우 섭섭하게 생각하였다. 환자에게 다음 날 다시 올 것을 약속하고 간신히 병상을 떠날 수가 있었다.

　다음 날 나는 급히 그 환자를 다시 찾아갔다. 환자는 반갑게 맞으며 어제 내가 기도를 해 드리고 간 후에 밤중에 꿈을 꾸는데 하늘이 열리고 하늘나라가 보이더니 천사들이 손을 예쁘게 저으면서 빨리 오라고 했다고 한다. 그리고 이제는 죽음도 두렵지 않다고 고백한다.

　"나 같은 죄인도 예수님을 통해서 이제 천국에 갈 수 있게 된 것을 확신하고 믿으니 너무 기뻐서 내 몸이 아픈 것도 잊어버릴 정도랍니다."

　이 환자는 무료 환자실에 입원하고 있었기 때문에 누구 한 사람 찾아와 위로해 주는 사람이 없어서 더욱 고독한 가운데 있을 때 예수님의 사랑을 듬뿍 받게 된 것이었다. 그 모매님은 그날 밤 아무 고통 없이 하늘나라로 주님 품을 향하여 갔다. 그 가족 가운데 한 분이 찾아와 그 모매님을 장례 지내 줄 사람조차 없다며 홍제동 화장터에 가서 화장해 달라고 울며 사정을 했다.

나는 이 환자의 시신을 앰뷸런스에 싣고 경기도 고양군 벽제면 대자리 178 서울시 화장터로 가면서 혼자 계속 찬송을 불렀다. "하늘나라 가는 길이 내 앞에 있으니…" 찬송을 부르는 나의 심령에 오히려 하늘나라의 크신 위로가 넘쳐 감격의 눈물을 흘렸다. 죽음 가운데 있던 나 같은 죄인을 이렇게 살려 주셔서 지극히 작은 사명이나마 감당하게 하신 주님의 은혜와 사랑이 너무도 깊숙이 내 심령에 울리고 있었다.

화장터에 도착하니 스님이 목탁을 두드리면서 나오고 있었다. 나는 시신이 불속으로 들어가기 전에 얼른 경건하게 예배를 드렸다. 예배를 인도하고 나서 일꾼들이 펄펄 솟아오르는 불꽃 속으로 모매님의 시신을 재빨리 집어넣기 시작했다. 나는 모매님 유가족의 요청이기는 했지만 땅에 묻어 드리지 못해서 송구스러웠다. 조용히 기도하는 가운데 타오르는 불꽃을 지켜보면서 바로 저 불꽃이 세상 불꽃이 아니라 성령이 이글이글 타오르는 불꽃임을 생각하고, 모매님이 하나님의 품속에서 한없는 사랑을 받으며 위로를 받고 있는 모습이 내 눈앞에서 보이는 것만 같았다. 할렐루야!

4
친구 반재명 씨

나는 내가 경영하던 한일옥에서 함께 술을 마시곤 하던 친구인 백형구 검사, 김효순 신문기자, 그리고 친구들에게 전도를 해야만 한다는 생각이 강하게 들어 그들에게 전도를 하기 시작했다. 특히 술을 매우 좋아하던 반재명이라는 친구가 있었다. 그는 헌병대를 제대하고 국립의료원 수위실에 근무하던 친구로, 늘 자신이 넘쳐 있던 친구였다.

이 친구를 만날 때마다 예수님과 부활과 하늘나라에 대한 이야기를 해 주었다. 하지만 다른 친구들과 마찬가지로 처음에는 이 친구도 나를 보고 돌았다고 비웃으며 나를 사람으로 대우조차 해 주려고 하지 않았다. 그렇지만 나도 끈질기게 그를 전도해야겠다는 생각으로 기도를 하면서 만날 때마다 전도지도 주고는 하였다.

그런데 그렇게 한 지 얼마 못 가서 갑자기 이 친구가 간암으로 국립의료원에 입원하게 되었다. 하지만 병상에서도 그는 자신만만한 태도를 보이며 찾아가는 나를 냉대하였다. 그러나 그의 병상생활이 1주, 2주, 1달, 2달 … 시간이 지남에 따라 이제는 그의 자신에 차 있던 눈이

패기를 잃고 점점 어린아이의 눈과 같이 변화되는 모습을 볼 수 있었다.

갈수록 나에 대한 태도가 부드러워지기 시작했다. 아마도 그는 병상에 누워 천장을 쳐다보면서 누구의 권유에 의해서가 아니라 자연스럽게 하늘나라를 바라보곤 하는 모양이었다. 이 친구에게 "자네를 위해 찬양대를 보낼까?" 하고 물었을 때는 완전히 환영하는 마음으로 받아들이는 표정까지 지어 보였다.

우리 병원선교회 회원들과 함께 그를 찾아가서 찬송을 부르면서 위로해 주었다. 국립의료원의 회원 간호사 자매들도 찾아가 방글방글 웃으며 그리스도의 사랑으로 대해 주면서 이 친구의 심령의 문을 열게 하는 데 최선을 다하였다. 그의 강퍅하던 심령도 얼음 녹듯이 녹기 시작했으며, 점점 그리스도의 사랑을 느끼는지 예수님을 알고 싶어 하는 눈치가 완연했다.

그런 가운데 어느 날 그가 나를 몹시 만나고 싶어 한다는 연락을 받았다. 나는 그동안 기도하던 그 마음을 가지고 날아갈 듯 그에게로 달려가 그의 침상 곁으로 갔다. 그가 나의 손을 꼭 잡았다.

"황 형! 황 형! 나를 좀 도와주겠나?"

그는 어린아이같이 두 눈에 눈물이 잔뜩 고인 채 나를 바라보고 있었다.

"황 형! 앞으로 내가 어떻게 하면 좋겠나?"

그는 애걸하듯 매달리고 있었다. 나는 나도 불치의 병으로 고생하다가 하나님의 능력으로 치료를 받았던 간증을 상세하게 설명해 주면서, 주 예수 그리스도를 믿으면 영육의 구원과 치료를 받을 수 있다고 말하고 난 후 성경을 읽어 주었다. 그리고 반재명 이 친구의 영혼을 위하여 두 손을 잡고 주님께 간절히 기도하였다. 간암으로 인해 더욱 시커멓게 변해 가기만 하던 그의 얼굴에 붉은빛이 감돌고 있는 듯이 보였다.

그날부터 매일 그를 방문하여 말씀과 기도와 찬송생활을 하도록 권했다. 이 친구도 하루에도 몇 번씩 나를 기다리고 있었다. 그가 병상으로 들어오고 우리가 전도를 시작한 지 3개월이 지났을 때 그는 성경과 찬송을 자기 손으로 구입하여 하루에 몇 번씩이나 성경을 읽고 찬송을 불렀다. 그의 심령은 불안으로부터 평안을 얻고, 슬픔으로부터 기쁨을 얻고, 좌절 속의 병상생활에서 소망 있는 병상생활을 할 수 있도록 변해 갔다.

그는 구원의 확신을 가지고 지난날 나를 핍박하고 조롱했던 것을 크게 회개하며 용서를 빌고, 오히려 이제는 나를 위로했다.

"황 형, 이 세상에 고통과 곤고와 핍박과 냉대가 있다 하더라도 낙심하지 마시고 하늘나라의 소망을 환자들에게 심어 주면서 굳게 살아가 주시오."

그는 또 옆 침상에 누운 환자의 영혼을 불쌍히 여겨 그도 함께 구원받을 수 있기를 간절히 기도하곤 했다. 나는 이런 그의 모습을 바라보면서 다시금 사람을 새롭게 탄생시키시는 하나님의 능력과 은혜에 뜨거운 감사와 감격을 금할 수가 없었다. 그런 가운데에서도 그의 육신의 질병은 더욱 악화되어 심히 어려워지고 있었다. 하지만 그의 영혼은 날마다 그를 위해 십자가를 지시고 죽으셨다가 부활하신 예수님을 바라보며 위로를 얻고 주님을 가까이하는 생활을 하고 있었다.

그러다가 마침내 1966년 4월 3일 새벽에 "하늘 가는 밝은 길이 내 앞에 있으니 슬픈 일을 많이 보고 늘 고생하여도 하늘 영광 밝음이 어둔 그늘 헤치니 예수 공로 의지하여 항상 빛을 보도다" 하는 찬송 소리가 울려 퍼지는 가운데 별 고통 없이 주님의 품에 안겼다.

인생은 자기 자신이 연약해지면 절대적인 하나님을 찾게 마련이다. 다시금 예수님은 건강한 사람을 위하여 오신 것이 아니라 병든 사람과 죄인을 위하여, 강도 만난 사람들의 참 이웃으로 오신 것임을 절감하였다. 건강할 때 교만하여 하나님을 부정하던 저들이 사랑의 징계를 받을 때 심령이 옥토가 되어 가난한 심령으로 천국을 바라볼 수 있게 된다.

 실로 병상은 영혼을 추수하는 황금어장이다. 우리가 계속하여 그리스도의 사랑과 기도의 힘으로 저들에게 전도할 때 많은 결실을 얻는 것을 바라보며, 나는 병상으로부터 불러 주신 주님께 감사를 드렸다.

5

담배 피우던 강복삼 씨

국립의료원 전 병동을 돌아다니는 것이 나의 일과였다. 그때그때 성령님의 인도하심을 따라 가서 복음을 증언하는 것이 나에게 더없는 기쁨을 가져다주는 생활이었다. 또 전도하는 법을 스스로 배우고 익히며 실행할 때 많은 환자들이 복음에 순종하게 되어 변화를 받는 것을 보고 살아 역사하시는 주님을 더욱 굳게 믿게 되었다.

이렇게 병실전도를 하고 있던 중에 한 환자가 파고다 담배를 물고 담배연기를 내뿜으면서 나에게로 가까이 오는 모습이 보였다. 왠지 이 사람에게 전도를 하고 싶은 간절한 마음이 생겼다. 성령의 인도하심을 믿고 나니 나도 모르게 "선생님, 성함이 어떻게 되시나요?" 하고 물었다. 이 환자가 놀란 듯 "강복삼이라고 합니다" 하고 얼떨결에 대답한다. 나는 다시 대뜸 물었다.

"그렇습니까? 저는 황찬규라고 합니다. 그런데 선생님, 예수 믿으십니까?"

"……"

"선생님! 예수 믿고 꼭 영혼의 구원을 받으시기 바랍니다."

큰 소리로 이렇게 당돌하게 직설적으로 몇 마디를 건넸는데, 강복삼 씨의 얼굴빛이 붉어지기 시작했다. 그는 심각한 얼굴로 피우고 있던 담배를 끄고 쓰레기통에 내던지면서 힘없이 이렇게 말했다.

"선생님! 저는 과거에 예수를 믿다가 타락하여 지금 대폿집을 차려 놓고 있습니다. 선생님께서 예수를 믿으면 구원을 얻으리라는 말씀을 하실 때 가슴이 뭉클해지면서 괜히 눈물이 나는군요. 나는 예수를 믿다가 교회에 나가지 않고부터 술을 마시고 갖가지 죄는 다 지었습니다. 내가 얼마나 무서운 죄인인지 애통할 때가 많답니다. 그래서 그런지 더욱 교회에 나가기가 두려워졌습니다. 성경책을 보고 도리어 화를 낼 때도 많았답니다. 선생님, 이렇게 술집을 차려 놓고 타락한 죄인도 구원을 받을 수 있습니까?"

처음에 담배를 물고 의기양양하던 모습과는 달리 힘없이 안타깝고 슬픈 표정을 짓고 있었다. 그는 참으로 답답한 한숨만을 쉬고 있을 뿐이었다. 나는 조용히 이야기할 수 있는 곳으로 그를 안내한 다음에 그에게 나의 간증과 함께 주님께 구원받는 길에 대해 소상하게 이야기해 주었다.

"저도 예수님을 등지고 원효로2가에서 요정을 차려 놓고 갖가지 술을 팔며 죄를 짓던 더러운 죄인이랍니다. 하지만 예수 믿고 이렇게 새로움을 받아 형제님께 전도하고 있지 않습니까? 강 형제님! 저도 그렇게 더러운 술로 채워진 그릇이었는데 지금은 주님의 은혜 가운데서 주님의 말씀을 담은 그릇이 되어 우리 강 형제님께 전도하고 있는 것 아닙니까? 이상하지 않습니까? 여기에 예수님이 주시는 진리가 있는 것입니다. 강 형제님이나 저는 나면서부터 죄인입니다. 죄의 값은 사망입니다. 그러므로 인간들은 누구나 죽습니다. 저도 죽고 형제님도 죽습니다.

그러나 예수님께서 우리들의 죄를 대신하여 십자가에서 피 흘려 죽으심으로써 우리를 죄에서 풀어 주시고 그분의 영원한 생명을 주셨습니다. 그러므로 성경은 '하나님의 선물은 영생'이라고 하셨습니다. 누구나 예수님을 믿고 회개하면 그리스도의 생명이 회개한 사람의 심령 속에 들어오십니다. 그때 예수님은 우리 마음 가운데에 평안과 영생을 주시는 것입니다."

나는 성령님의 인도하심을 받아 환자들에게 전도하는 것을 원칙으로 하지만, 전도하는 데에는 기술과 방법이 필요함을 절감하면서 조심스럽게 환자에게 접근해 갔다.

예수님께서는 가정과 사회에서 소외당한 비천한 한 여인을 구원하시기 위해 갈릴리를 거쳐 사마리아로 들어가셨다. 사마리아 땅에서 물을 긷고 있는 여인을 보시고 바로 이야기하지 않으시고 피곤한 모습으로 우물 곁에 앉아 물을 달라고 하셨다. 그러자 이 사마리아 여인이 깜짝 놀란다.

"유대인인 당신이, 그것도 남자가 어떻게 사마리아 여자인 나에게 물을 달라 하십니까?"

이때 예수님은 우물물이 아니라 생수 이야기를 해 주신다.

"이 물을 먹는 사람은 다시 목이 마르지만 내가 주는 물을 먹는 사람은 영원히 목마르지 않을 것이다. 내가 주는 물은 그 속에서 영생하도록 솟아나는 샘물이 될 것이다."

그러자 이 사마리아 여인에게서 즉각적으로 반응이 나온다.

"영원히 목마르지 않는 그런 생수를 나에게 주십시오. 그래서 여기에 또다시 물을 길러 오지 않게 해 주십시오."

이에 예수님은 다른 문제를 짚어 주신다.

"너의 남편을 데려오라."

"하지만 제게는 남편이 없습니다."

"너에게 남편이 다섯이 있었지만 지금 있는 사람은 남편이 아니니 너의 말이 맞도다."

사마리아 여인은 깜짝 놀라서 스스로 고백한다.

"주여! 제가 보니 선생님은 선지자이십니다. 저는 메시아 곧 그리스도라 하는 분이 오시는 줄을 믿습니다. 그분이 오시면 모든 것을 우리에게 알려 주실 것입니다."

예수님은 이 보잘것없는 여인이 메시아를 기다린다는 사실을 아시고 여인에게 선포하신다.

"너에게 말하고 있는 내가 바로 그리스도이다."

여인은 그 사실을 굳게 믿고 크게 감격한다. 그리하여 당시 여인들에게 생명줄과도 같은 물동이를 버려두고 마을로 뛰어간다. 사람들의 손가락질이 두려워 아무도 오지 않는 대낮에 물을 길러 오던 이 여인은 부끄러움도 잊은 채 동네 사람들에게 달려가서 우리가 지금까지 사모하던 생수 되시는 메시아가 나타나셨다고 소리소리 지른다. 어서 빨리 메시아께로 나와 보라고 전파하게 된다.

이와 같은 예수님의 전도 방법을 생각하면서, 처음에 환자에게 부담을 주지 않고 지혜롭게 다가가서 간절한 욕구를 불러일으키며 죄를 깨닫게 해 주고 잘못된 인식을 고쳐 주는 전도 방법을 사용했다. 나는 술 냄새를 풍기고 담배를 피우며 들어오던 이 외래환자에게 이야기할 수 있는 기회를 잘 포착하는 데 신경을 쓰며 지혜롭게 다가간 후 진실한 태도로 대하면서 간절한 욕구를 불러일으키게 했던 것이다. 그렇게 하지 않으면 자칫 실패할 수도 있음을 깨닫고 조심스럽게 접근하자 그는 자신의 모든 죄를 고백하면서 진실한 대화의 문을 열었다.

모든 이야기를 마친 후 그는 너무나도 감격하여 파고다 담배갑을 주머니에서 꺼내 쓰레기통에 구겨 넣어 버렸다. 그는 눈물을 뚝뚝 흘리면서 그동안에 지은 모든 죄를 다 고백하기 시작했다. 바로 자기의 죄 때문에 예수님이 돌아가셨다는 고백까지 하기에 이르렀다. 그동안 죄로 말미암아 오히려 예수님을 피했던 것도 회개했다. 그는 이제 자기의 죄를 구속하신 예수님을 확실히 믿고 지금까지 경영하던 술집을 그만두고 예수님 안에서 예수님과 함께 예수님을 위하여 살겠다고 외쳤다. 완악하고 죄악 된 심령을 감동시키시고 구원하시는 주님과 성령님의 역사에 나도 더욱 감격하였다.

6
죽음이 임박했던 최대관 씨

부산, 마산 등지의 지방순회전도를 마치고 상경하여 병실을 방문하고 싶은 마음이 간절하여 국립의료원 병실을 찾아가니 최대관 씨의 부인이 나를 무척 기다리고 있었다. 그녀는 나를 보자마자 눈물을 흘리며 나를 붙잡고 이렇게 간청했다.

"지금 우리 남편이 거의 운명 직전에 있습니다. 몇 시간 전에 남편이 의식을 완전히 잃기 전에 황 목사님을 찾으시며 목사님의 간절한 기도를 받고 싶다고 하셨어요. 황 목사님, 지금 남편이 회복실에 계시니까 가셔서 그분의 소원대로 한 번만 기도해 주세요."

나의 머릿속에 최대관 씨의 지난날의 모습들이 스쳐갔다. 나는 낮 시간보다는 주로 밤 6-7시경, 해가 기울기 시작할 때부터 병실을 방문하곤 했다. 어느 날 국립의료원 동8병동 6호실을 방문하여 폐 수술을 받은 환자에게 복음을 전하고 찬송과 기도를 해 주었다.

하지만 이 환자가 아니라 오히려 옆 침상에 누워 있던 최대관 씨가 내 설교에 귀를 기울이고 찬송을 귀담아 들었다. 나는 최대관 씨에게는 복음을 전하지 않고 몇 달 동안 지나가는 길에 기도만 해 주었다. 그런 가운데 그가 날이 갈수록 주님께 매달리며 간절하게 기도하는 모습을 볼 수 있었다. 그와 기도를 함께하면 기도가 끝난 후 그의 눈에 눈물이 고여 있곤 했다. 얼마 전부터는 그가 말씀을 또한 간절히 사모하며 꿀송이같이 달게 받았다.

그가 창백해진 얼굴로 주님을 지금도 사모하고 있는 모습을 그리면서 회복실로 달려갔다. 회복실로 가니 최영희 수간호사가 나를 반갑게 영접해 주었다.

"최대관 씨 지금 어디 있습니까?"

"저 옆 침상에 있는 분입니다."

"좀 어떻습니까?"

"희망이 없을 것 같아요."

수간호사와의 대화를 듣고 있던 가족들도 거들었다.

"이제 살 가망이 없습니다. 장례 치를 준비나 해야 하나 봅니다. 하지만 목사님, 저분의 마지막 소원대로 기도 좀 해 주세요."

눈물을 글썽이는 안타까운 애원들을 들으면서도 나는 정말 기도해야 하나 머뭇거렸다. 왜냐하면 이미 그는 거의 죽은 것이나 다름이 없는 상태였기 때문이었다. 또한 의사들과 간호사들도 지켜보고 서 있어서 나를 이상하게 여길 것 같았다. 나는 잠시 동안 주님께서 이 영혼을 붙들고 주관하실 것을 기도하면서 주님을 뜻을 기다렸다.

'그렇다! 우리가 기도로 응답받을 수 있는 것은 기도 그 자체의 행위보다는 믿음으로 인하여 열매를 맺는 것이다!'

최대관 씨의 얼굴을 들여다보니 눈으로 볼 수 없을 정도로 하얀 백지장 같았다. 아니 백지장이다 못해 푸른빛이 서려 있었고 잔뜩 굳어 있는 표정이었다. 죽은 사람을 대할 때면 내 가슴이 섬뜩해지는 것처럼, 최대관 씨를 대하는 내 마음도 섬뜩해졌고 의사와 간호사들에게도 좀 쑥스럽기는 했지만, 내 마음속에 그를 위해 기도하라는 세밀한 음성에 순종하여 기도하기로 하였다.

12년 동안 혈루증으로 고생하던 여인이 예수님의 옷자락이라도 만지면 나을 것을 믿고 가만히 예수님의 뒤로 다가가서 옷자락에 손을 대었더니 그의 병이 나았다. 그때 예수님은 당신의 능력으로 병을 고쳤다고 하지 않으시고 "딸아! 너의 믿음이 너를 구원하였느니라"고 말씀하셨다. 나는 최대관 씨도 그의 믿음에 의해서 죽음에서 확실히 살아날 수 있을 것이라는 확신이 생기기 시작했다. 최대관 씨도 아마 기도를 받으면 꼭 병이 나을 것이라는 믿음이 있었던 것 같다.

나는 의사들과 간호사들의 눈치를 보면서 내 입을 그의 귀 가까이 대고 조그맣게 기도를 했다. 하지만 온 정성을 기울여 간절하게 기도하니 내 온몸에도 땀이 촉촉이 배어 나오고 있었다. 기도가 끝난 후 나는 주님께 뒷일을 맡기고 회복실을 나왔다.

그 이튿날 아침 일찍 찾아갔더니 최대관 씨가 다시 살아났다고 한다. 그의 창백했던 얼굴에 조금씩 생기가 돌고 있었고 의식이 완전히 돌아와 있었다. 그는 의식을 차리면서 하나님께서 자기를 살려 주셨다고 기뻐하며, 의사와 간호사들에게 살아 역사하시는 주님을 증언하였다고 한다. 그리고 기도 받고 하나님의 능력으로 살아났다고 얼마나 좋아하는지 몰랐다. 그의 병세는 급진적으로 회복되기 시작하였다.

그는 병실로 다시 돌아왔다. 기관지에 튜브를 꽂아 호흡하고 있었기 때문에 고형 음식을 전혀 먹지 못했었는데 이제 다 나았다면서 설렁탕을 먹고 고기를 먹었다. 정말 아무 탈이 없었다. 그는 죽음에서 예수님의 능력으로 살아났음을 믿고 앞으로 자기 몸이 자기 것이 아니라 그리스도의 것임을 고백하면서 온전히 주님만을 믿고 전하며 주의 영광을 위해 살 것을 다짐한 후에 퇴원했다.

7

죽음 가운데에서 소생한 송공섭, 최창순 씨

밖에는 영하 10여 도의 추위가 몰아닥치고 있었다. 나는 원목실에 앉아 며칠 후에 있을 수양회 말씀 준비를 하고 있었다. 하지만 창밖에서 들리는 자동차의 세찬 엔진 소리와 차갑고 냉랭하기만 한 기온이 나의 심령도 한층 냉랭하게 만들고 있었다. 이때 내가 며칠 동안 돌보아 오던 최창순 환자와 송공섭 환자가 원목실 문을 열고 들어섰다. 저들도 무언가 심히 갈급한 양 목사님 말씀을 들어야 오늘 밤 잠을 잘 수 있을 것 같다고 하였다.

우리 세 사람은 힘차게 찬송을 부르며 기도하였다. 우리 마음에 하늘나라의 위로와 훈훈한 기운이 돌기 시작했다. 그리스도의 사랑이 우리를 감싸기 시작하였다. 나는 다른 곳에 가기로 한 것을 취소하고 이들에게 말씀을 전하고 싶은 마음이 강하게 일어났다. 비록 두 사람이지만 죽음 가운데에서 살아난 저들을 보면서 2천여 명의 청중이 있다고 생각하고 말씀을 전하였다. 말씀을 드리는 중 하늘나라의 위로와 권능이 나의 온몸을 감싸주고 있음을 깨닫게 되었다. 힘이 어디에서 나는

지, 말씀의 지혜가 어디에서 나는지, 우리 세 사람은 시간 가는 줄 모르고 말씀을 전하고 말씀을 들었다.

말씀을 마치고 우리 셋은 손을 잡고 하나님께서 우리에게 하나님 나라를 보여 주시고 죄를 대속해 주심을 감사하는 감사기도를 눈물로 드렸다. 창백한 채 들어온 두 환자의 얼굴은 상기된 채 기뻐 어쩔 줄을 모르고 있다. 나 역시 하나님의 섭리에 큰 은혜를 받았다. 그리고 그리스도 안에서 한 지체, 한 형제 된 우리 세 사람을 느끼면서 마가복음 3장에서 예수님이 "누가 내 형제이며 자매이며 모친이냐? 하나님의 뜻대로 하는 자가 내 형제요 자매요 모친이니라"고 말씀하신 것을 기억하며 하나님 나라에 대한 새로운 세계를 느꼈다.

최창순 씨는 내가 국립의료원 동5병동을 방문했을 때 온 전신이 만신창이가 되어 눈으로 볼 수 없을 정도로 심한 화상을 입은 상태였다. 그에게 가까이 갔을 때 그는 비록 다 불타 버린 모습이었지만 그의 심령은 심히 주님을 찾고 사모하고 있음을 발견하였다. 나는 그에게 말을 건넸다.

그는 많은 어려움 가운데에서도 주님의 은혜로 젊은 나이에 공사장의 감독을 맡게 되었다. 감독을 맡게 되자 더욱 출세하고 주위 사람들에게 잘 보이고 싶어서 주일도 지키지 않고 일꾼들을 데리고 일을 하곤 하였다. 그러면서 그의 생활은 자연히 주님과는 멀어지게 되었는데, 처음에는 주일을 지키지 않는 것이 죄송스럽게 여겨졌으나 시간이 지나자 오히려 '이럴 수도 있지' 하며 자기를 합리화시키고 당연시하는 마음을 갖게 되었다.

사고가 나던 날도 주일이었다. 이제는 식구들까지 교회를 등한시하게 만들었는데, 그는 아내에게 점심시간에 인부 몇을 데리고 올 테니 교회에는 못 가더라도 점심 준비를 해 놓으라고 말하고 공사장으로 나갔다. 그런데 공사장에서 일을 하다가 철근을 내려놓는 순간 온몸이 찌릿하며 몸에서 불이 나고 두 손이 터지고 혓바닥이 탁 터지는 소리와 함께 의식을 잃었다.

1975년 4월 27일자 조선일보에는 '최창순 씨 감전사'라는 제목의 기사도 실렸다. 그는 2만 5천 볼트의 전기에 감전된 채 실로 사망이나 다름없이 온몸이 터지고 만신창이가 되어 강원도 장성병원에 입원했으나 가망이 없어 국립의료원으로 이송되었다. 그가 감전이 될 때 "주여! 내 영혼을 부탁하나이다" 하는 기도가 절로 나왔다고 한다.

그는 냄새 나고 진물이 줄줄 흐르는 육신의 고통 가운데에서, 이로 인하여 그리스도의 십자가를 다시 생각하게 되었다. 그의 어머니는 새벽기도를 다니시며 이 아들을 주님께서 보살펴 주시기를 간구하였다. 나는 매일 이 환자를 찾아가 기도와 말씀으로 권면과 위로를 해 주기 시작하였다.

그는 '주일'을 만홀히 여기는 사람은 벌써 자기 심령에 '주님'을 만홀히 여기고 있는 것을 나타내는 것이며, 그러므로 주일을 만홀히 여기는 사람에게는 무서운 시련이 올 수 있다는 사실을 자기 심령에 깊이 깨닫고 깊은 회개를 쏟아 놓기 시작했다. 그가 침상에서 말씀을 사모하며 기도하는 모습을 옆에서 이를 지켜보던 나의 심령에도 은혜가 되었다. 날로 그의 심령이 주님께로 향해 나아갔다.

늘 감사와 찬송생활을 하며 지낸 지 1달 15일 만에 그는 기적적으로 보행(Ambulation)을 할 수 있게 되었다. 그는 연약한 육신으로 국립의료원 환우들을 위한 예배에도 꼬박꼬박 참석하여 환자들에게 간증도 하면서 기쁨을 나누어 주었다. 또한 환자들을 찾아다니며 위로하고 전도지와 주보를 나누어 주는 일에도 힘닿는 데까지 협력하였다.

함께 참석한 송공섭 환자는 강원도 삼마탄광 광업소의 지하 840m, 폭 130m 깊이에서 석탄을 캐다가 갑자기 5톤 정도의 바위가 그의 위에 떨어져 늑골과 양쪽 어깨가 부러지고 치골과 방광이 터지고 요도까지 파열되어 거의 죽게 되었다가, 역시 장성병원을 거쳐 국립의료원 서6병동 7호실에 입원하게 된 것이었다. 나는 이 환자를 처음 심방한 뒤부터는 최창순 씨와 같이 찾아가 찬송과 기도와 말씀으로 은혜의 시간을 갖곤 했다.

그는 사고 전날 밤에 꿈을 꾸었다. 꿈에 어떤 사람이 나타나 "이 탄광을 떠나라!"고 경고를 하였다. 그는 사고 후에 병상 가운데에서 기도 생활을 하는 도중에 은빛 십자가가 보이면서 기쁨과 위로를 받는 놀라운 체험을 하고 하나님이 자신과 함께하심을 깨닫고 감격하였다. 주님은 죽음 가운데 있는 사람에게 산 소망을 주시고 기쁨과 평안을 주시는 분이셨다. 하나님을 가까이하는 가운데 주님을 멀리했던 삶을 참회하게 되었고 주님을 위해 살 수 있기를 항상 기도하였다.

그가 병상에 누운 지 9개월 만에 그도 기적적으로 치유를 받아 국립의료원 주일예배에 참석하였다. 예배를 드리며 그는 감격의 눈물을 흘렸다. 말씀을 전하던 나도 그 환자를 보면서 다시금 하나님의 나라가 우리 가운데 임재하심에 더욱 큰 힘이 났다. 이렇게 도저히 치유가 불가능한 형편에 있더라도 주님은 우리를 붙드시고 우리의 심령을 옥토로 만들어 그리스도를 영접하게 하시고 그리스도 안에서 새사람으로 만들고 계셨다.

최창순 씨와 송공섭 씨와 나는 주님의 치료로 다시 살아났고 하나님의 자녀로 부르심을 받은 한 지체, 형제가 되었다. 원목실 문을 나설 때 영하 10도의 추위가 온몸에 불어닥쳤지만, 아랑곳하지 않고 우리들의 심령들이 뜨거워지기만 하였고, 그리스도의 뜨거운 사랑을 피부로 느끼며 감격스럽기만 하였다.

8

버거스병 환자
이항구 씨

　어느 날 국립의료원 동7병동 6호실(무료병동)을 방문했다가 이항구 환자를 만나게 되었다. 그는 버거스병으로 다리 하나를 끊어 내고 나머지 하나도 절단해야 하는 형편에 육체적, 정신적으로 고통을 당하고 있었다. 그는 어떻게 하면 죽을 수 있을까 고심하며 9층 병실에서 뛰어내리는 시도도 해 보았지만 실패하였고, 인생을 너무 헛되게 보냈다는 생각과 처자식 생각에 이러지도 못하고 저러지도 못하는 고통의 시간들을 보내고 있었다.

　그러던 중 내가 방문하니 몹시 기다렸다는 듯이 나를 붙들고 자기의 어려운 형편을 이야기하면서 하나님으로부터 위로를 받고자 했다. 알고 보니 이 환자에게는 그 당시 혈액 3병이 필요하다고 했다. 하지만 아무도 그에게 피를 대 주지 않았고, 나머지 다리 한쪽마저도 썩어 가는 고통에 몸부림치고 있을 뿐이었다.

　나는 안타까운 마음으로 수간호사에게 가서 내가 피를 뽑을 테니까 이항구 환자에게 수혈해 달라고 하니 수간호사는 단번에 거절한다. 나는 혈액 담당 의사를 찾아갔다. 이 환자와 같은 혈액형인 내 피를 뽑자고 하였더니 지금 혈액을 취해도 1달 후에나 그 피를 사용할 수 있다고 한다. 우리가 옥신각신하는 사이에 의료부장이 들어왔다. 나는 혈액 담당 의사와 의료부장에게 다시 요청하였다. 다행히도 그날 혈액 3병이 이항구 씨 몫으로 나와 그 피를 수혈하고 꺼져 가는 불에 기름을 붓듯이 그의 생명도 회복되기 시작하였다.

나는 그에게 예수님의 보혈만이 우리 인간을 구원해 주신다는 사실을 거듭 전했다. 그는 눈물을 흘리며 그리스도의 사랑과 은혜에 감사해하였다. 그는 다음 주일 국립의료원 주일예배에 참석하여 자기를 위해 십자가에 달리시고 보배 피를 흘리신 주님께 감사하는 감격적인 간증을 하였다.

과거 시립영등포병원에 있을 때 성경책을 찢기도 하고 하나님을 원망하며 마음이 완악하기 이를 데 없었지만, 그가 하나님을 찾으매 그를 죽음 가운데에서 다시 살려 주심을 깨닫고 회개하며 감사하는 마음으로 성경책을 가지고 싶어 했다. 병원선교회 김진동 간사님이 그에게 신구약 성경책을 선물로 주셨다. 그때부터 그는 성경을 읽으며 주님의 은혜 안에서 생활하던 중에 썩어 가던 그의 다리가 온전해져서 퇴원하게 되었다.

춘천으로 간 이항구 씨는 계속 선교회로 그의 간증과 감사의 편지를 보내 왔다. 그는 다리가 한쪽밖에 없어 경제적 형편이 말이 아니었다. 하지만 그 가운데에서 낙심하지 않고 주님께 영광을 돌리며 늘 기도하는 모습을 그의 서신들을 통해서 알 수 있었다. 김진동 간사님과 방규오 간사님 부부는 쌀을 사 주며 그를 위로했고, 한국병원선교회 10주년을 맞아 두 부부는 직접 이항구 형제를 찾아가 그를 업어 데리고 와서 그에게 의족을 해 주고, 살 길을 찾아 주기 위해 모금도 했다.

회원들의 정성 어린 헌금으로 그는 10주년 감사예배 후에 연세대 부속재활원에 입원하여 40여 일간 물리치료를 받고 의족을 해 넣어 걸어 다닐 수 있게 되었다. 그 후 그에게서 온 편지들을 가지고 우리 선교회 권속들과 함께 그의 앞날을 위해 주님께서 인도하실 것을 믿고 함께 기도하였다. 여기 그로부터 온 편지 중 하나를 소개한다.

회장님께 올립니다.

회장님, 하기 수양회 마치시고 주 안에서 안녕하신지 문안드립니다. 그리고 사모님께서도 불편하신 玉體 建하신지 안부 올립니다. 또한 온 집안 식구들 주 안에서 강건하실 줄 믿습니다. 선교회 회원 여러분께서도 주님의 은혜로 모두 강건하시기를 소원합니다.

이곳 春川에 있는 저는 언제나 회장님께서 염려하여 주신 덕분에 주님의 은혜로 잘 있습니다.

저는 많은 은혜를 입고 과분한 대우를 받고 의족을 해서 집에 와 있고 보니, 아무리 생각해도 주님의 은혜와 사랑이 아니면 도저히 할 수 없는데, 회장님의 기도와 병원선교회 직원 여러분과 회원 여러분, 해외에 계신 회원님들의 기도로 이 모든 일이 이루어졌음을 고백합니다. 썩어 빠진 한 생명의 육신에 한쪽 다리가 되어 주셨고 불쌍한 죄인의 심령을 붙잡아 주신 은혜 진심으로 감사합니다. 그러나 저는 아직 믿음이 약하고 부족하여, 진심으로 저의 마음속에는 주님을 영접하고 감사하고 있지만 말과 행동과 실천이 잘 되지 않고 있습니다. 주님께서 불쌍한 저의 심령을 붙잡아 주시고 언제나 함께하셔서 강한 믿음 주시고 주께 쓰임 받는 사람이 되도록 인도해 주시기만을 간절히 기도하고 있습니다.

회장님께서 드린 피눈물 나는 기도에 대한 응답으로 친히 그리스도께서 한쪽 다리가 되어 주셨으니, 이 죄인도 주님께 충성하고 쓰임 받는 그릇이 되고 자기 몸을 태워 불을 밝혀 주는 '양초'와 같은 사람이 되도록 주님께서 인도해 주시옵기를 기도하오며 회장님께서 기도로 도와 주시옵기 원합니다.

세브란스 병원에 입원해 있을 때도 회장님과 사모님, 김진동 집사님과 사모님, 방규오 간사님과 여러 자매님들께 폐를 끼쳐 드린 은혜를 무엇으로 보답할까 무거운 짐을 걸머진 것 같습니다. 친부모 형제가 그렇게 관심을 가지고 대하겠습니까? 예수님의 사랑이 얼마나 가치 있는 은혜인지 뼈저리게 느꼈습니다.

무더운 날씨에 회장님과 사모님, 자녀들 건강하시옵기를 기도합니다.

다음 문안의 서신 올릴 때까지 안녕히 계십시오.

1977. 8. 4.

이항구 올림

이항구 씨는 이 편지의 말미에 장문의 기도문을 함께 동봉하였다.

사랑과 은혜가 풍성하신 아버지 하나님, 당신의 귀하신 종 황찬규 회장님께 감사의 서신 드리는 시간 허락해 주심을 감사드립니다.

주님, 불쌍한 죄인의 심령을 붙잡아 주시고 주님의 사랑으로 친히 함께하셔서 썩어 없어진 육신의 한쪽 다리가 되어 주시니 진심으로 감사드리오며 아버지 하나님께 영광 돌립니다.

아직 믿음이 약하고 부족하오나 저의 마음속에는 예수 그리스도를 영접하고 구세주로 모시고 진심으로 감사하고 있지만, 말과 행동과 실천이 잘 되지 않고 있으니 주님께서 불쌍한 죄인의 심령을 붙잡아 주시고 언제나 함께하여 주셔서 강한 믿음 주시옵기 간절히 기도합니다.

주님, 저는 많은 죄를 지었습니다. 예수 그리스도의 보혈로 깨끗이 죄를 씻어 주시옵고 주님의 쓰임 받는 아들이 되도록 인도해 주시옵기 간절히 기도합니다. 또한 언제까지라도 주님을 위하여 이 목숨 다할 때까지 충성할 수 있는 사람이 되도록 주님께서 인도해 주시옵소서.

비록 육신은 타락하고 썩었으나 불쌍한 심령을 다시 소생하게 해 주셔서 감사합니다. 주님께서는 악한 생각 즉 살인, 음란, 간음, 거짓 증거 등 이 모든 것은 마음에서 나온 것이라고 말씀하셨습니다.

저의 마음이 시시각각 변하는 감정에 따라 움직이지 않고 오직 그리스도 예수 안에서 행동하고 생활하는 사람이 되도록 인도해 주시옵기를 간절히 기도드립니다.

당신의 귀하신 종 황찬규 회장님 이하 여러 직원들, 병원선교회 회원님들의 기도가 헛되지 않고 앞으로 열매를 풍성하게 맺을 수 있는 당신의 쓰임 받는 일꾼이 되도록 인도해 주시옵소서.

요한복음 15장 5절에 "나는 포도나무요 너희는 가지라 그가 내 안에, 내가 그 안에 거하면 사람이 열매를 많이 맺나니 나를 떠나서는 너희가 아무 것도 할 수 없음이라" 하신 말씀과 같이 열매를 많이 맺는 가지가 되도록 인도해 주시옵기를 간절히 기도합니다.

당신의 귀하신 종 황찬규 목사님과 사모님, 김진동 집사님과 방규오 간사님, 홍명신 전도사님, 그 밖에 여러 직원들이, 당신의 성전 병원선교회 주님의 사업에 몸 바쳤습니다.

더욱 강건하게 축복의 은혜를 주시옵고 사모님들, 또한 그 가족 자녀들께도 주님의 놀라운 축복의 은혜를 내려주시옵기를 간절히 기도합니다.

또한 병원선교회 회원 여러 형제 자매님들과 해외에 계신 회원 형제 자매님들께 감사하며, 그 가정과 직장과 이웃에게도 주님께서 언제나 함께하셔서 축복의 은혜 주시옵기를 간절히 기도드립니다.

병원선교회에서 파송하여 승봉도에서 수고하시는 김정우 목사님, 소록도에서 나병으로 죽어 가는 심령을 위하여 수고하시는 유덕용 전도사님, 마산결핵병원에 계신 전도사님, 공주결핵병원, 기타 여러 곳에서 수고하시는 회원님들의 교회와 가정과 이웃에도 하나님의 놀라운 축복의 은혜 주시옵기를 기도합니다.
앞으로 병원선교회의 무궁한 발전과 황 회장님께 주님의 놀라운 축복의 은혜를 거듭 내려 주시기를 기도합니다.
이 모든 말씀, 만민을 구원하신 예수 그리스도의 이름 받들어 기도하옵니다.
아멘.

이항구 올림

제3장
병원선교의 구체화

1. 병원전도의 구체화 계획을 세우며
2. 나의 동역자들
3. 병원선교를 위한 센터의 건립
4. 서독선교를 위해 김근철 지부장님과
5. 워싱턴 정학수 총무님 댁에서

1

병원전도의 구체화 계획을 세우며

불치의 병에 걸려 우리나라 최고의 의술을 동원하였으나 고치지 못하고 죽을 운명만을 기다리고 있던 내가, 신앙을 버리고 타락하여 지은 죄를 회개하며 하나님의 은혜로 살려 주시면 복음 전도에 일생을 바칠 것을 언약한 후, 신유의 은총을 얻어 불의 성령을 받은 후에 바로 완쾌되었다. 이런 놀라운 변화의 모습을 보고 병원의 의사는 물론 이것을 듣고 보는 사람들마다 하나님의 능력에 감동되었고, 나는 국립의료원 생화학과에 근무하면서 120개 병실을 찾아다니며 복음 전파에 전력을 기울였다.

처음에는 무관심하던 동료들도 감동되어 내가 하는 일을 돌아보게 되었고, 이 소문이 점차 널리 퍼지게 되자 각계에서 지대한 관심을 보이기 시작하였다. 나는 보다 더 적극적으로 복음을 전하기 위해 많은 분들을 찾아다니며 기관을 결성하기 위해 노력하였다. 그 결과 마침내 한국병원연합전도회를 발족하기에 이르렀다. 이때 참여하신 분들은 다음과 같았다.

적십자병원의 유재수 선생님과 이은태 박사님, 세브란스병원의 표창복 선생님과 이병희 박사님과 이삼열 박사님, 제일병원 임상병리과의 정용길 선생님, 고대우석대학병원의 라종석 선생님과 김세경 박사님, 서울대학병원의 고필예 간호사님과 홍창의 박사님, 국립의료원의 유순한 간호과장님과 윤유선 원장님, 국립원호처병원의 이승헌 목사님과 박영식 원장님, 이화대학병원의 이순남 자매님과 강등용 박사님, 동부시립병원의 이춘애 간호과장님과 양요환 원장님이다.

온 예루살렘과 사마리아와 땅끝까지 이르러 내 증인이 되라고 간곡히 부탁하신 주님께서 이 땅에 계실 때 많은 환자들을 고쳐 주시며 그들이 주리고 있을 때 먹을 것을 나누어 주신 그 사랑의 원천을 본받아, 신음하는 환자들의 육신의 질병을 고쳐 주고 마음이 병든 자에게 구원의 참 복음을 전하여 모든 아픔에서 하나님의 치유로 해방되고 자유를 얻게 하자는 취지였다.

마침내 숨은 봉사자들을 모아 "고난 속에서 주님을 발견하자!"는 슬로건을 내세우며 1967년 5월 27일 한국병원연합전도회 창립총회를 국립의료원에서 열게 되었다. 참 복음을 모든 환우들에게 고루고루 전파하여 구원을 얻게 만들려는 꿈을 시작하는 감격적인 순간이었다.

각 병원의 기독 의료인들은 그동안 병원전도의 필요성을 절감하면서도 산발적인 전도로 큰 성과를 거두지 못하였음을 감안하여, 앞으로 본 전도회에서는 각 병원의 순회예배 인도와 가난한 환자에 대한 경제적 원조, 원목 파송, 각 병원에 기도처 설치, 병원에서 봉사하는 교인들의 단합 등의 방향을 제시하기에 이르렀다.

더욱이 병원에서 일하는 의사와 간호사들을 환자들의 육과 영혼을 함께 치료하는 참된 예수님의 제자들로 만드는 일은 매우 시급하므로 이 일에도 전념하여 병원전도를 더욱 효과적으로 만들어 나갈 것을 합의하였다. 또한 각 병원에 전도의 길을 열기 위해 지역교회와 병원을 연결해 줌으로써 일반 교회에도 각 병원에 대한 복음 전도의 길을 확장시키려는 시도도 함께하기로 하였다.

이런 목적 아래 국립의료원 대강당에서 의료인들과 전도인들 150여 명이 모인 가운데 표창복 장로님의 사회와 기도, 국립의료원 간호학교 성가대의 합창과 당시 세브란스병원 원장으로 계시던 임의선 박사님의 설교로 본 연합전도회가 출발하게 되었다. 이 모임에서 '한국병원연합전도회'를 공식 명칭으로 정하고 이 일에 더욱 적극적으로 책임을 맡을 임원들을 선출하였다.

이때 임원으로는 필자를 회장으로 하고 부회장에 표창복(세브란스병원), 조옥희(수도의대), 총무로는 손명근(국립의료원), 서기에는 김소자(국립의료원), 전도부장에 정용길(제일병원), 봉사부장에 고필례(서울대학병원), 문화부장에 김길자(국립의료원), 섭외부장에 유재수(적십자병원) 님들을 선출하는 한편, 서울 시내 21개 종합병원에 분회를 설치하고 분회장 인선을 또한 마쳤다.

교회와 병원의 자매결연

이렇게 시작한 본 전도회는 매주 국립의료원 환자들을 찾아가는 병실전도를 부지런히 펼쳤으며, 아울러 각 병원순회예배 및 병실전도를 실행하는 한편, 각 병원과 교회 간에 자매결연을 하게 하였다. 돈암동에 있는 성일장로교회(한재호 목사님)와 고대우석대학병원 간에 자매결연을 하게 함으로써, 한재호 담임목사님께서 교인들과 함께 병원에 찾아가 많은 환우들을 위하여 설교도 하시고 성가대는 찬양을 함으로써 함께 은혜를 나누곤 하였다.

또한 충신교회(정운상 목사)는 수도육군병원과 자매결연을 했는데, 충신교회는 성탄절을 맞아 병원의 불우한 사병 수백 명을 초청하여 풍성한 은혜의 말씀과 음식을 대접함으로써 그리스도의 사랑을 환자들에게 전하고 그들을 주님 앞으로 인도하는 일에 앞장섰다. 그리고 여전도회에서는 늦은 가을에 병원으로 찾아가서 김장을 담아 줌으로써 겨울 동안 김치를 먹을 때마다 그리스도 안에서 형제 자매 된 뜨거운 사랑을 깨닫게 하여 많은 환자들에게 복음을 전할 수 있었다.

교회와 병원 간에 자매결연을 함으로써 이를 통하여 계속 복음 전파의 역사가 일어났다. 국립의료원과 베다니장로교회(최복규 목사, 현 한국중앙교회)의 자매결연을 통하여 학생회와 청년회 성가대가 각 병실을 방문하여 찬양으로 하나님께 영광을 돌릴 때 환자들의 심령의 문이 열렸고, 그렇게 마음의 문이 열린 환자들에게 복음을 전함으로써 그들의 심령에 많은 변화가 일어났다. 그로 인하여 수많은 환자들이 그리스도께로 인도를 받을 수 있었다. 더욱이 틈틈이 다과와 음식을 마련해 가서 환자들과 사랑의 교제를 나눔으로써 그리스도의 사랑을 조금이나마 체험하게 하였다.

한편 영락교회에서는 기도와 물질로 병원전도를 위해 크게 힘을 쏟았으며, 숭의여자중·고등학교 학생들도 친히 교목님의 인도로 주일 새벽마다 병동을 방문하여 온 병실에 주 찬양의 소리를 높여 왔는데, 그 후 10년 이상을 변함없이 국립의료원에서 찬양으로 환자들의 심령을 감동시켰다.

또한 동도교회(최 훈 목사)가 동부시립병원과 자매결연을 했는데, 동도교회 여전도회에서는 음식을 준비하여 시립병원의 외롭고 가난하고 병든 심령들을 찾아가 육신의 사랑과 그리스도의 사랑과 생명의 말씀을 환자들에게 공급함으로써 병든 영혼들에게 복음을 전하는 일에 앞장서기도 하였다. 이렇듯 병원과 교회의 자매결연을 통하여 각 병원에 복음화의 발을 더욱 힘차게 내디딜 수 있었다.

헌혈운동

각 병원과 교회 사이에 자매결연을 해 주며 많은 환자들의 상태를 파악하게 되었는데 그 가운데 혈액이 없어 쓰러지고 죽어 가는 영혼들을 많이 보게 되었다. 그리하여 그 대책으로 본회 의료선교위원장이신 강득용 박사님(이화대학교 의과대학 병리학 교수)을 헌혈 담당 책임자로 세우고 회원들 간에 헌혈운동을 펼치기 시작하였다. 어느 날은 수도육군병원에 20여 명의 회원들이 찾아가서 헌혈을 하여 피가 없어 죽어 가는 장병들에게 혈액을 공급해 주면서 그들을 주님 앞으로 인도하였다.

또한 각 교회를 방문하여 헌혈의 중요성을 강조했고, 많은 교우들이 적십자 혈액원에서 헌혈을 하며 각 병원의 어려운 환자들을 도왔다. 예수 그리스도께서 우리를 위하여 보혈을 흘리신 것처럼 이 헌혈을 통하여 성도들도 그리스도의 보혈에 대해 감사하게 되었고, 또한 피를 받은 많은 영혼들도 주님 앞으로 돌아오게 되었다.

이렇게 헌혈을 강조하게 된 동기는 1967년 10월 어느 날의 사건에서 비롯되었다. 그날 동대문 근처에서 어떤 사람이 쓰러져서 몇몇 종합병원에 갔지만 극심한 출혈로 그 피를 충당할 수가 없어 병원에서 거절당하다가 뒤늦게 동부시립병원에 겨우 입원하였으나 곧 죽어 갈 지경이었다. 동부시립병원 이순남 회원이 이 소식을 전해 주었다. 피 2병이 급히 필요하다는 소식을 들은 나는 즉시 강득용 박사님과 의논한 후 피 2병을 준비하여 그 병원으로 달려갔다. 그리고 거기서 이춘애 간호과장님과 회원들이 피를 놓아 주고 합심하여 간절히 기도하였다.

얼마간의 시간이 지나자 죽어 가던 환자의 몸에 조금씩 생기가 돌기 시작하였다. 동부시립병원의 회원들과 나는 계속하여 이 환자를 위하여 눈물로 기도하며 돌보았다. 3일 후에 환자가 눈을 뜨더니 "당신들은 누구십니까?"라고 물었다. 처음에 그 환자는 우리를 천사로 착각했다고 한다. 이 환자의 의식이 완전히 돌아오자 우리는 예수 그리스도의 복음을 전했다. 이 환자는 눈물을 흘리면서 감격해하였고, 또한 예수님을 영접한 후 주님의 사랑에 더없는 감사를 드렸다. 이후 그는 15일 동안 찬송 속에서 살다가 기쁨으로 주님 품으로 돌아가게 되었다.

  영등포시립병원에서도 피가 9병이나 필요한 자궁출혈환자가 생겼다. 이 여성 환자도 너무나 가난하여 피를 단 1병도 살 수 없는 분이었다. 이를 보고 있던 영등포병원의 환자들이 너무나 안타까워하면서 나에게 연락을 해 주었다. 나에게도 피 1병 살 돈이 없어 안타까운 마음으로 노량진에 계시는 신자현 장로님(본회 회원)을 찾아가 말씀드렸더니 피 10병을 살 수 있는 물질을 환자를 위해 내주셨다. 이 환자는 그 피를 맞고 살아났다. 또한 그를 위해 기도하던 회원들이 복음을 전함에 따라 이 여성도 예수님 품으로 돌아오는 역사가 일어났다.

  이와 같은 계기로 우리는 헌혈운동을 적극적으로 펼치게 된 것이었다.

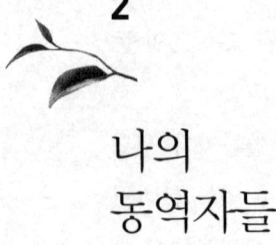

2
나의 동역자들

세계병원선교회와 결연을 맺은 후 '한국병원연합전도회'에서 '한국병원선교연합회'로 명칭을 변경하였다. 그리고 우리 선교회에서는 각 병원에 전도인을 파송하기로 협의하여 결정하였다. 이렇게 결정하게 된 것에도 다 사연이 있었다.

남부시립병원

하루는 남부시립병원을 찾아갔더니 응급실에 환자들이 많았는데, 이가 득실거리고 여러 가지 오물이 묻은 더러운 옷을 입고 있었으며 얼굴에는 영양실조로 누런 꽃이 피었고, 대부분 거의 죽어 가는 모습들을 하고 있었다. 이를 보던 우리 회원들이 저들의 머리를 감기고 목욕을 시키고 광목으로 옷을 만들어 입히고 청소를 해 주며 며칠간 소고깃국을 끓여다 주었다.

그들의 모습이 몰라보게 달라졌다. 우리 회원들은 아무도 가까이 가지 않았던 저들을 변화시키고 마음에 그리스도의 사랑을 심어 주었다.

이를 안 당국에서 감사장을 주겠다고 연락이 왔다. 하지만 우리는 감사장은 필요 없고 원목실을 마련해 주면 꾸준히 지속적으로 봉사하겠다고 하였다. 그리하여 마침내 원목실이 만들어지고 이곳에 한문화 전도사님을 파송하기에 이르렀던 것이다.

마산결핵병원

어느 날 마산결핵병원에 계시던 김영보 장로님께서 본회에 오시더니 전도인을 파송해 줄 것을 부탁하고 돌아가셨다. 김영보 장로님은 일제 때 신사참배를 하지 않는다고 매를 몹시 맞으시고 5리 정도의 눈길 위를 끌려가셨다고 한다. 이때 육신이 연약할 대로 연약해져서 폐결핵에 걸리게 되었다. 그렇게 하여 마산결핵병원에 입원하게 되었는데 거기 입원환자로 계시면서도 결핵환자들에게 복음을 전하시며 돌보는 일을 게을리하지 않으셨다. 장로님에게 전도를 받은 분 중 김진동 집사님은 또한 예수님을 영접함으로써 주님의 능력으로 결핵을 치유받고 역시 병원선교의 현장에서 수고하고 계신다.

김영보 장로님은 병원 안에 벧엘교회를 세우시고 병원전도의 산증인이 되셨다. 장로님은 본회에 오시기 전에 거의 10여 년간 매일 10-20cc 정도의 고름을 흉곽에서 빼내어야만 하는 상태였었다. 그래도 어찌하든지 결핵환자들에게 복음을 전하고자 애를 쓰시던 장로님은 이제 곧 세상을 떠날 것 같다시며 본회에 전도인 파송을 요청하셨던 것이다.

마산결핵병원의 전도인을 위해 기도하던 중, 고재봉 씨에게 전도한 바가 있는 안국선 전도사님을 본회 간사로 임명하고 마산결핵병원으로 파송하였다. 그 후 1년 만에 김영보 장로님은 주 안에서 고귀한 생을 마치시고 천국으로 먼저 가시게 되었다. 다음으로 박의영 전도사님이 충성하셨는데, 이분 역시 결핵으로 다 죽게 되었으나 그곳에서 예수님의 놀라운 능력으로 치유받아 주님께 쓰임 받는 예수 그리스도의 증인이 되셨다.

소록도

1967년 9월, 나는 아내와 함께 소록도를 방문하여 소록도에 있는 2교회 성도들에게 말씀을 전하였다. 소록도중앙교회에서 3,000여 나병 성도들과 함께 할렐루야 박수를 치며 찬송을 부를 때 비록 그들의 손은 오그라들고 고름이 나오지만 그 어느 곳에서보다 더욱 힘차게 하나님께 영광을 돌리는 모습을 볼 수 있었다.

이곳의 유덕용 간사님 역시 나병환자로 갖은 고생을 하시다가 예수님을 영접한 후 나병에서 해방되신 분이시다. 선교회에서는 유덕용 간사님께 의족을 맞추어 드렸었다. 이분은 그 의족으로 신학교를 졸업하시고 전도인으로서 자신이 예수님을 영접했던 나병환자촌으로 다시 들어가셨다. 그리고 본 선교회 간사로서 전도인의 사명을 안고 소록도에 들어가 나병 환자들이 예수님께 돌아올 수 있도록 힘차게 전도하고 계신다.

무의촌 진료봉사 활동

여름이 되면 본회 회원들은 피서 대신 무의촌에 찾아가 진료봉사를 해 드리고 복음을 전하곤 하였다. 특히 승봉도라는 서해의 외딴 섬으로 하기 진료팀과 함께 몇 차례 찾아가 수양회 겸 봉사활동을 펼친 결과 1975년에는 교회 착공식을 하기에 이르렀으며, 1976년 준공예배 때에 다 함께 가서 600여 섬 주민들과 은혜의 시간을 갖고 돌아왔다. 특히 이 승봉도에는 앉은뱅이 환자가 있었는데, 부산대학병원 김영숙 간호과장님과 내가 간절히 기도하자 이 환자가 두 발로 일어서는 주님의 놀라운 기적의 역사가 일어났었다.

간호사, 의사에 대한 복음 훈련

이렇게 각 곳에 전도인을 파송하는 것도 중요하지만, 병원에서 환자들과 늘 함께 생활하는 간호사, 의사들에게 복음을 전해 주고 훈련시킴으로써 저들이 환자들을 간호하고 예수님은 저들을 치료하시도록 하는 것이 무엇보다도 더 중요했다. 간호사와 의사 분들이 직업의식으로서가 아니라 나이팅게일처럼 그리스도의 사랑과 인격으로 환자들을 돌보는 사명인이 될 때 그 누가 전도하는 것보다 훨씬 효과적임을 깨닫게 되었다. 본회에서는 이를 위하여 간호사들을 복음화하고 간호학생들을 그리스도의 증인 된 사명인으로 만들기 위해 성경말씀으로 훈련시키기 시작하였다.

특히 해외에 나가는 분들에게는 세계선교의 사명을 심어 주어 보내는 일을 지속적으로 행하였다. 1970년대 당시 유럽과 미국에 나가 있는 사역자들이 50여 명, 회원들이 300여 명이었다. 내가 영국에서 공부할 때 한국 땅에서는 300명이 훨씬 넘는 외국인 선교사들이 순교하셨다고 교수님으로부터 들은 적이 있었다. 우리나라의 복음화는 바로 그 분들이 뿌린 복음의 씨앗이 열매를 맺었던 것이었다.

이 땅에 피 묻은 많은 밀알들이 있었기에 이제는 한국 땅을 통하여 전 세계로 영적 복음을 새롭게 수출해야 하는 때가 온 것이다. 몇 차례 해외에 계신 여러 권속들을 심방할 때마다, 그리스도의 증인으로 살아가려고 안간힘을 쓰고 있는 저들의 모습을 바라보게 되는데 그때마다 정말로 감격스러웠다.

3

병원선교를 위한
센터의 건립

앞 장의 간증 부분에서도 이야기했지만, 병원전도를 시작하고 병원전도연합회를 시작은 하였으나 사무실이 없어 내 가방이 사무실이었다. 회원들이 늘어나 함께 예배를 드리고 복음 전도 사역자로 훈련을 받을 수 있는 장소가 무엇보다도 필요했다. 또한 병원전도를 위하여 집중적으로 합심하여 기도할 수 있는 처소가 반드시 필요하였다. 이를 절감한 회원들과 나는 병원선교회센터 건립을 위해 기도하기 시작했다. 회원들은 시간을 내어 산으로 올라가 철야기도, 금식기도를 했다.

나와 아내는 병원선교센터 건축을 위해 10여 년 만에 장만한 중곡동의 집을 바치기로 결심하고 헌물하게 되었다. 집은 없어졌지만 하나님의 은혜로 세검정에 주택을 하나 빌릴 수 있게 되어 이 집에서 선교회 간사님들의 가정들과 함께 생활하였다. 한편 선교회 사무실은 이용규 장로님의 도움으로 을지로6가에 있는 을지빌딩 6층에 사무실과 예배처소를 준비할 수 있게 되었다. 그런데 이곳은 7층이 맥주홀이라서 매일 시끄럽게 울려 대는 음악 소리와 춤추며 노는 소리에 예배를 제대로 드리기도 힘들 때가 많았다.

 그러나 이것도 감지덕지하며 지내는데 1974년 10월이 되니 사무실을 비워 달라고 한다. 이때 선교회 재산은 전세금 150만 원이 전부였는데 이것은 묶여 있어 사용할 수가 없었고 그 외에는 계약금조차도 마련할 수 없는 형편이었다. 그런데 우리 전 회원이 간절하게 기도한 결과 20여만 원이 생겼다. 이 돈을 들고 집을 보러 다니던 중 광희동1가 127번지에 620만 원짜리 집이 있어 믿음으로 계약해 버렸다. 며칠 후 주택대금의 10퍼센트는 주어야 한다기에 62만 원에서 계약금 20만 원을 뺀 42만 원이 없어서 고민하던 중에 두 회원을 통하여 이 금액이 채워졌다.

 그런데 우리 가족이 기거하던 세검정의 빌린 집도 주인이 집을 팔려고 한다며 내달라고 한다. 날씨는 점점 추워지는데 걱정이 태산 같았다. 회관에서도 나와야 했기에 우리 식구들은 갈 데가 없어졌다. 아내와 나는 40일간 아침마다 금식기도하며 주님께 매달렸다. 아내는 연약한 육신에도 불구하고 하루에도 몇 시간씩 기도로 나를 격려해 주고 선교회를 위해 기도해 주었다. 또한 우리 회원들도 기도로 합심하여 모일 때마다 우리의 갈 곳을 주님께 의탁하였다.

 모세가 이스라엘 백성을 이끌고 애굽을 탈출할 때 뒤에는 애굽 군대가 쫓아오고 앞에는 홍해가 막혀 있고 백성은 아이들과 노인들과 짐승들 때문에 한없이 속도가 더딘 상황처럼 모든 것이 아득하기만 했다. 집은 계약을 했지만 400여만 원의 돈이 부족했다. 어디에서 1달 만에 이 돈을 구하랴! 우리는 추위에 꼼짝없이 떨게 되었다.

 그런데 어느 날 권사님 한 분이 아내를 부르시더니 300여만 원의 돈을 보내 주시는 것이 아닌가! 나와 아내는 하나님께 눈물로 감사기도를 드렸다. 권사님은 얼마 전에 사랑하고 아끼던 따님이 화상으로 거의 죽게 되었을 때 알게 된 분이었다. 권사님의 따님은 80퍼센트 이상의 전신화상을 입고 사형선고를 받았으나 40여 일간 어마어마한 고통을 당하며 치료받던 중에 예수님을 영접하신 분이다.

따님은 운명하기 전에 환자들의 고통이 얼마나 큰가를 절감하였으며, 예수님을 알지 못함으로 인한 생의 고통은 더욱 견딜 수 없는 시련임을 깨달았다고 하면서, 이제는 기도할 수밖에는 없게 되었으니 어머니인 권사님과 동생들에게 자기 대신 복음 전도 사업을 위해 힘쓰라고 당부하였다. 그리고 병원선교회를 많이 도와줄 것을 부탁하면서 주님 품으로 먼저 가게 되었다. 그 후 권사님은 병원선교회와 부족한 나를 위해 늘 기도해 주셨다.

그러던 어느 날 권사님이 옥상에 올라가 기도하시는데 하늘에서 큰 장막이 내려오더니 장막 앞으로 하나님의 거대한 손이 나타나고 아래에서는 연약하고 창백한 나의 손이 올라가는데, 하나님의 손이 파리한 나의 손을 꽉 붙드시는 환상을 보셨다고 한다. 권사님은 나의 아내를 부르시더니 지금 무엇이 가장 필요하냐고 물으시면서 주님께서 돕기를 원하신다고 하셨다. 아내는 솔직하게 병원선교회 이야기를 말씀드렸고 이 권사님은 힘에 부치도록 엄청난 금액을 헌금해 주신 것이었다.

이렇게 하여 광희동의 낡은 한옥을 구입할 수 있었고, 드디어 우리 가족들과 선교회가 이사하는 날이 왔다. 이사하는 날은 영하 7도의 추운 날씨였다. 별안간 추워진 날씨가 짐을 꾸리는 손과 몸을 더욱 얼어붙게 만들었다. 하지만 마음은 주님의 인도하심과 역사하심에 감사함으로 한없이 뜨거워지기만 했다.

짐을 꾸려 쓰러져 가는 한옥 사랑채에 들어가 방 하나는 사무실로, 하나는 우리 가정으로, 마루와 안방, 건넌방은 뜯어고쳐 예배당을 만들어 예배 장소와 회원들의 집회 장소로 사용하였다. 집이 너무나 낡아 고쳐 가던 중에 한쪽이 쓰러지려는 것을 김진동 간사님이 재빨리 목재를 갖다 대어 겨우 지탱하게 만들기도 하였다.

아내와 아이들은 번번이 연탄가스에 노출되기 일쑤였다. 하지만 이 집에서 우리는 말씀공부와 회원들의 모임 및 예배와 병원전도를 계속해 나갔다. 예배 시간에는 천장에서 쥐들이 한바탕 소동도 부려 주었고, 우리는 허물어져 가는 마가의 다락방 같은 곳에서 더욱 합심하여 뜨겁게 뜨겁게 기도하곤 하였다. 옆집에 방을 2개 얻어 간사님들과 해외로 나갈 사역자들이 함께 투숙하며 초대교회처럼 공동생활을 하고 은혜의 시간도 가지며 성경말씀으로 훈련받고 기도에 힘을 쏟았다.

그렇지만 아무래도 집이 다 쓰러져 가고 있고 비가 오면 여기저기 천장에서 빗물이 줄줄 흐르고 쥐들의 쟁탈전이 시끄럽게 벌어지곤 하여 회원들은 더욱 회관 건축이 시급함을 절감하였다. 나는 처음에 병원전도를 시작할 때 교회 건물을 세우거나 큰 건물을 짓는 사람들을 잘 이해하지 못했었는데 이제는 건물의 필요성을 깨닫고 주님께 많은 회개의 기도를 드렸다. 회원들은 칠보산에 올라가서 금식기도, 철야기도를 하였으며, 매주일 서울기도원 뒷산에 올라가 함께 회관 건축을 위하여 밤새 기도하고 내려오곤 했다.

회원들은 또한 100일 동안 2,400시간 연속기도회를 가지며 주야로 기도를 하기도 하였으며, 해외에 계신 권속님들도 모임을 갖고 변함없이 회관 건축을 위하여 기도하였다. 그 결과 하나님은 놀랍게도 우리 센터 옆 128번지의 땅까지 구입하게 해 주셔서 1976년, 곧 우리가 회관 건축을 위해 기도한 지 3년 만에 지하 1층, 지상 4층, 총건평 145평의 회관을 건축하게 해 주셨을 뿐만 아니라, 짓는 도중에 옆의 22평짜리 낡은 주택도 구입하게 해 주셔서 전체 80평의 대지가 되었다.

회관 건물이 착공되자 회원들은 땀을 흘리며 인부들과 함께 삽질도 하고 모래와 흙을 나르기도 하였다. 지방에 계신 회원들은 이 회관 건물을 짓기 위해 여름휴가를 건축 현장에서 노동으로 봉사하며 지내기도 하였다. 하지만 200만 원의 자금으로 4천만 원짜리 공사를 하려니

우리들에게는 여간 무리가 아니었다. 더구나 대부분의 회원들은 모두 가난한 사람들이었다. 건축을 완공하는 방법은 눈물과 기도밖에는 없었다.

나의 아내와 김진동 간사님은 직접 감독일을 하며 공사 기간 내내 쉬지 않고 땀을 흘리며 일했다. 황정희 총무와 나희연 간호사를 비롯한 자매들은 임시회관에 머물며 처녀의 몸으로 매일 세 끼 밥과 두 끼의 중참을 지어 인부들과 그 수많은 회원들을 대접하였다. 이러면서 주님께서는 공사를 차질 없이 진행시켜 주셨다.

해외 권속들은 그 흔한 고기도 먹지 않고 아끼며 그들이 피땀 흘려 번 돈을 회관 건축을 위해 송금해 주었다. 그들을 생각할 때 가슴이 메어 옴을 금할 수 없으나 주님은 병원선교를 위한 회관을 짓기 위하여 연약한 권속들의 중심을 받으셨다. 더욱이 지난번에 헌금해 주신 권사님도 생활비를 아끼며 용돈을 아끼며 회관 건축에 온 힘을 쏟으셨다.

공사가 진행되던 도중 하루는 비가 몹시 내렸다. 지하실을 만들기 위하여 땅을 깊이 파 놓았는데 비가 심하게 오니까 옆의 4층 건물에 금이 쫙 가 있었다. 이 집을 판 사람도 옆의 4층 건물이 무너질까 봐 얼른 이사를 한 것 같았다. 그 4층 건물은 기초공사 없이 30평에 블록 벽돌로 한 층씩 올려 세워진 아주 위험한 건물이었다.

회원들은 이때 집이 무너질까 봐 얼마나 가슴이 조마조마했는지 일하다가 말고 주님께 간절히 합심하여 기도하곤 했으며, 비가 쏟아질 때에는 눈물을 흘리며 억수 같은 비를 맞으면서 흙을 파 놓은 구멍을 판자로 막곤 하였다. 이렇게 하여 착공 7개월 만에 새로 지어진 회관으로 이사할 수 있었다.

나의 가족들은 이 회관으로 정착하기까지 1년에도 몇 차례씩 이사를 해야 하는 어려움을 겪었었다. 셋방살이의 온갖 설움 끝에 나의 아내가 마련한 집도 주님 사업을 위해 팔아 바치고 난 후 회관과 내 가정이 한곳이 되어 지내면서 말할 수 없는 어려움을 겪어야 했다. 거의 5년간 우리 가족에게는 가정이라고는 없었다. 안방까지도 선교회 사무실 겸 집회 장소로 사용해야만 하는 형편이었다. 그런데 주님은 몇 해가 안 되어 이 모든 것을 해결해 주셨다.

5천 명이 먹을 것이 없어 굶주려 있을 때 어린아이가 바친 물고기 2마리와 보리떡 5개로 주님은 5천 명 전부를 먹이시고도 열두 광주리 가득 남기기까지 하신 놀라운 역사를 일으키셨다. 주님은 나의 조그만 집을 바치매 놀랍도록 큰 복을 주신 것이었다. 더욱이 이 회관을 위해 권사님 따님의 고귀한 죽음이 있었다. 따님의 유언과 어머니의 믿음으로 선교회 건축의 근본적인 뼈대와 벽체가 세워지고 밑받침이 이루어졌다. 또한 모든 회원들의 눈물과 기도와 봉사, 헌신에 대한 응답을 주신 주님이셨다. 이렇게 하여 한국병원선교센터가 세워졌다.

아쉬운 것은 교육관으로 사용해야 할 4층과 성경공부를 하고 사무를 보아야 할 2층, 그리고 기도를 위해 사용되어야 할 지하실을 물질이 모자라 부득이하게 다른 사람에게 세를 주어야만 했다는 것이다. 하지만 이렇게 기적적으로 공사를 이루어 주신 주님이 어찌 그 빚을 갚아 주시지 않겠는가! 할렐루야! 급기야 1977년 5월 28일 창립 10주년과 함께 회관봉헌예배를 드릴 수 있게 된 것이었다.

4

서독 선교를 위해
김근철 지부장님과

1972년 6월 세계병원선교 국제대회가 오스트리아에서 열렸다. 나는 그림 회장님으로부터 극동아시아 대표로 국제대회에서 강연해 달라는 요청을 받고 오스트리아를 방문하였다. 80여 개국 500여 명이 모인 이 대회를 통하여 정말 세계가 그리스도 안에서 하나임을 더욱 피부로 느낄 수 있었다.

하나님을 찬양하는 마음과 소리가 한층 더해 갔지만 왠지 나의 마음을 서운하게 하는 것은 이 수많은 그리스도인들 가운데 한국인은 나 혼자밖에 없다는 것이었다. 모두들 둘씩 셋씩 짝을 지어 기도를 하고 있는데 나에게는 짝이 없었다.

이 대회를 위한 나의 특별기도는 1975년에 열릴 세계병원선교 국제대회에서는 나 한 사람이 아니라 더욱 많은 한국인들이 참석할 수 있게 해 달라는 것이었다. 한국이 복음의 예루살렘과 같이 되어야 하지 않겠는가! 우리 민족이 그 당시 비록 약소한 상황이고 역사적으로도 많은 침략과 역경을 당해 왔지만, 이제는 하늘나라의 자녀 나라가 되었고 진리의 자녀가 되었는데도 다른 민족에게 뒤떨어진다는 것에 대해 왠지 수치심을 느꼈고 이것은 나 자신을 몹시도 섭섭하게 만드는 것이었다. 하나님 앞에 이 민족을 통하여 세계선교의 꽃을 피우는 역사가 일어나기를 간절히 기도드렸다.

10일 동안의 대회를 마치고 나는 당시 서독에 있는 한국 회원들을 방문할 수 있게 되었다. 그때 김근철 성도와 그의 부인이며 간호사인 강신자 성도를 만나게 되었다. 그들은 주님을 위해 살고자 하는 귀한 부부로 나를 기쁜 마음으로 그들의 집에 초대해 주었다. 그들은 그리스도의 뜨거운 사랑으로 나를 대접해 주었고 우리들은 주님께 깊은 감사의 예배를 드렸다.

이들 부부는 서독 여러 곳으로 나를 안내해 주었고, 각 곳에서 병원선교의 사명자들과 함께 만나 예배와 기도를 드릴 수 있게 해 주었다. 이런 과정을 통해 나는 그들이 하나님 앞에 귀하게 쓰임 받는 일꾼, 병원선교회에 소중하게 쓰임 받는 일꾼이 되기를 기도드렸다.

3년 후 1975년에 오스트리아 쾌센에서 열린 세계병원선교 국제대회에서 하나님은 나의 기도를 들으시고 18명의 한국 회원들이 참석할 수 있게 해 주셨다. 기도에 대한 하나님의 응답과 이 민족을 통해 세계선교의 꽃을 피우시겠다는 주님의 약속의 증거에 나는 그저 감격할 따름이었다. 국제대회를 가진 후 우리는 한국 회원들과 함께 각 지역을 심방하게 되었다. 가는 지역마다 주님은 마지막 때에 한 영혼 한 영혼을 추수할 일꾼들을 부르셨고 각 지역에서 병원선교를 위한 모임을 만드셨다.

나는 다시 김근철 집사님을 만나 보기 위해 아켄(Achen)으로 갔다. 아켄에 가서 한국인 김근철 씨를 찾으니 동네 사람들이 친절하게 가르쳐 주었다. 그는 한국 사람들뿐 아니라 독일 사람들로부터도 큰 사랑과 존경과 신뢰를 받는 분이었다. 그의 부인 강신자 집사님과 아이들과 함께 힘 있게 감사한 마음으로 예배를 드리고 나는 서독의 15개 지역과 미국을 심방하고 돌아왔다.

내가 귀국한 후 서독에 있는 병원선교회 사역자들과 회원들은 아켄의 김근철 집사님 댁에서 수련회를 가지고 김근철 집사님을 지부장으로 위촉하였다. 나는 하나님께 깊이 감사드리며 그를 기쁜 마음으로 서독지부장으로 위촉하였다. 김근철 지부장님과 강신자 사모님은 그 후 서울의 본회를 방문하여 회원들과 함께 큰 은혜를 나누었고, 서독에서 병원선교회 회원 및 사역자들을 일일이 사랑과 말씀으로 돌보며 맡은 바 사명에 충성하고 계신다.

아켄의 김근철 지부장 댁에서는 종종 사역자 모임을 가졌었는데, 1976년 10월에는 서독지부 회원들을 대표하여 나를 초청해 주기도 하였다. 그때 회원들과 함께 수련회 겸 제1차 서독지부총회를 가졌던 감격은 잊을 수 없다. 하나님께서는 한 사람, 한 사람을 키우시고 당신의 사역자로 삼으시고, 이 민족을 통해 세계선교의 일을 담당시키고 계심을 볼 때 오직 하나님께 영광을 돌리고 감격할 따름이다.

5

워싱턴 정학수 총무님 댁에서

1976년 서독 성회를 마치고 미국지역 회원들을 심방하기 위해 뉴욕의 김원기 간사님 댁으로 향하였다. 12월이라 날씨가 매우 차가웠다. 김 간사님의 인도로 뉴욕, 필라델피아, 뉴저지, 우스터, 시카고에서 심방 및 집회를 인도하고, 20일경 워싱턴을 방문하게 되었다. 워싱턴 한인 교회 및 김기황 회장님 댁에서 4일간 성회를 인도하고 다시 정학수 총무님의 요청으로 그 가정에서 일주일간을 머물면서 은혜의 시간을 갖게 되었다.

그런데 정학수 총무님 댁은 부인인 정성윤 사역자의 어머니 노정옥 모매님(정 총무님 장모)이 자궁암 진단을 받아 온 집안이 마음 가운데 모두 불안감을 안고 있었다. 그들 가족들은 나를 반기며 이 병든 어머님을 위해 기도해 줄 것을 요청했다. 나는 정학수 총무님 댁에 머물면서 하루에 한 번 이상 예배와 기도회 시간을 가졌다. 그때마다 온 가족과 함께 이 어머님을 위해 간절하게 기도드렸다. 분명히 하나님께서 치유해 주실 것을 확신하면서 L.A. 라스베이거스에서 수차례 성회를 인도하고 귀국하였다.

　귀국한 후에 워싱턴의 김성덕 회원님(정학수 총무 모친)이 본회를 방문하여 회원들에게 간증을 하는 가운데 정학수 총무님의 장모님이 그때 기도 받고 질병이 깨끗하게 물러가 하나님께 크게 영광을 돌렸다고 하였다. 하나님께서 열두 해 동안 혈루병으로 고생하던 여인을 살리시고 그녀를 평안하게 하신 것처럼 지금도 성령님께서 같은 능력으로 역사하심을 믿고 주님께 감사와 영광을 크게 돌렸다고 한다.

　할렐루야! 그들 권속들은 미국에서 오늘도 이렇게 질병 가운데 역사하시는 주님의 권능을 믿고 이러한 일을 또한 전하기 위해 전심전력을 쏟고 계신다.

제4장
미국으로 떠나다

1. 중공 선교를 위한 미국 시민권
2. 미국에서 교회를 개척하다
3. 교회에 나타난 하나님의 역사
4. 아프리카의 선교 현장에서
5. 목회 조기 은퇴

1

중공 선교를 위한
미국 시민권

　1960년대와 1970년대는 해외에 나갈 수 있는 비자를 발급받기가 매우 힘든 시절이었다. 1969년 9월 세계병원선교회 프란시스 그림 회장님의 초청으로 국제대회에 참석하기 위해 비자 발급을 받는 과정은 너무나 힘이 들었다. 나는 간신히 비자를 받고 대회 끝 날에야 그곳에 도착하여 마지막 날 말씀을 전했다. 그 이후 여러 차례 해외에 나갈 때마다 비자 받는 일이 힘들었다.

　그 당시 선교회 회원들은 1달에 한두 번씩 산기도를 다녔는데 기도할 때마다 철의 장막인 중공과 북한 선교에 대한 열망이 마음을 흔들었다. 산기도 갈 때마다 유독 중공과 북한에 복음을 전하고 싶은 마음이 불타올랐다.

　그러던 중에 미국 시민권과 미국 비자(여권)를 가지고 있으면 어디든지 갈 수 있다는 것을 알게 되었다. 나도 자유롭게 비자를 받아 죽음을 각오하고 중공과 북한에 가서 복음을 전하고 싶었다. 그 당시에는 그런 국가들에서는 복음을 전파하면 바로 순교해야 하는데 나는 순교하는 한이 있더라도 복음을 전하고 싶었다.

사도행전 1장 8절에 "오직 성령이 너희에게 임하시면 너희가 권능을 받고 예루살렘과 온 유대와 사마리아와 땅 끝까지 이르러 내 증인이 되리라 하시니라" 하신 말씀을 따라가고 싶었다. 바울처럼 살고 싶었다. 바울은 1차, 2차, 3차 전도 여행을 하고 그의 생을 마감했다. 나도 주님이 고쳐 주신 나의 생명을 그렇게 주님께 드리고 싶었다.

그러다가 1978년 미국 병원선교회 회원 심방 중에 뉴욕의 김원기 간사님이 목사안수를 받게 되셨고, 김원기 목사님과 병원선교회 회원들이 함께 뉴욕 베데스다교회를 개척하고, 나는 메릴랜드까지 가게 되었다. 그런데 메릴랜드에 계시는 회원들 중에, 지금은 고인이 되셨지만, 김종건 장로님과 조정희 권사님께서 나에게 권면의 말씀을 주셨다.

"목사님, 이곳에 교회를 세울 수 있기를 바랍니다. 우리 회원들과 저희 가정이 중심이 되어 교회를 세우고, 교회를 통해 병원선교 활동을 효과적으로 지원하면 얼마나 좋겠습니까?"

기도해 보고, 미국 시민권을 얻으려면 그냥 근거 없이 활동하는 것보다는 교회를 세우고 교회를 중심으로 활동하는 것이 낫겠다고 판단하였다. 그리하여 자주 장사 루디아가 자기 집을 제공한 것처럼 고 김종건 장로님 가정을 임시 예배 처소로 삼고 1978년 11월 5일 마침내 워싱턴 대성침례교회가 탄생되었다.

뉴욕에서 우리 사역자들이 모여 한인 교회를 이미 이루고 있어서 그곳에서 영주권 신청을 해 놓고 메릴랜드로 내려왔기 때문에 뉴욕과 메릴랜드로 왔다 갔다 하면서 예배를 드렸다. 사역자 중 한 분인 유현자 간호사님이 메릴랜드 교회 전도사로 나를 돕고 있었다.

이때가 한국에 못 간 지가 2년이 넘었을 때였다. 시민권을 받기 위해서는 영주권을 받고도 5년이 지나야 된다고 하니 멀고도 험한 길이었다. 날마다 한국병원선교회와 두고 온 아내와 삼남매를 생각하니 안타까운 마음 금할 길이 없었다. 그래서 나는 1달이면 2주간은 금식기도를 하면서 하나님께 간구했다. 중간에 포기하고 싶었다. 하지만 나에게는 앞으로 달려갈 길이 남았고, 이곳에 이미 교회가 세워졌으니 돌보아야 할 책임이 있지 않은가!

아내한테서는 어려운 상황에 대해 계속 소식이 들어왔다. 아내는 딸과 아들이 중학교를 가게 되니 생활이 너무 어려워 2명 월사금(등록금)조차 내기가 너무 힘들다고 하소연했다. 그리고 기왕 이렇게 되었으니 자신과 삼남매를 미국으로 가족 초청해 달라고 요청하였다. 나는 처음에는 안 된다고 거절했다. 미국 이민을 위하여 미국 시민권을 얻으려고 작정한 것이 아니지 않은가? 저 중공과 북한에 복음을 전하고자 하는 일이 아니었던가!

그러나 아이들 공부시키기 위해 미국으로 초청해 달라는 간곡한 세 번째 편지를 받고 나서 결단하지 않을 수가 없었다. 그리하여 나는 가족 초청 이민 수속을 시작했다. 그리고 6개월 후, 1980년 9월 20일 드디어 아내와 삼남매가 미국으로 건너왔다. 가족이 도착하는 날 나는 피치 못하게 다른 지역에 심방을 가 있었기 때문에 마중 나가지 못하였고(미국은 워낙 넓어서 쉽게 움직이지 못함), 조정희 권사님의 남동생 조성길 집사님이 공항에 마중을 나갔다. 우리 가족들은 조정희 집사님 댁에서 1달을 기거했다.

2

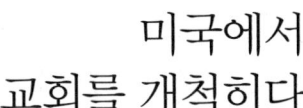

미국에서
교회를 개척하다

교회가 개척 교회라 우리 가족에게는 생활비가 따로 없었다. 독일병원선교회에서 그 소식을 듣고 매월 900불씩 지원을 해 주어 몇 달을 견뎠고, 그 후 자립이 되어 교회는 스스로 운영이 되었다. 나는 가족이 미국으로 온 후, 그때 받아가지고 있던 영주권을 가지고 한국으로 들어갔다.

몇 년 동안 한국병원선교회를 비운 터라 주인 없는 병원선교회는 풍전등화와 같았다. 그래도 그 당시 방규오 장로님 내외분이 중심이 되어 몇 분이 선교회를 이어 가고 있었다. 내가 없는데도 선교회를 사랑하고 헌신하는, 남아 있는 사역자들에게 감사했다. 나는 황정희 총무님 부부에게 선교회를 맡기고 다시 미국으로 돌아왔다.

세월은 흐르고 메릴랜드에서 목회를 하는데 교회가 점점 성장하고 부흥되었다. 나는 대한민국 국민으로 살고 싶어서 시민권은 받지 않았다. 처음에는 미국 시민권을 받아서 중공 선교와 북한 선교를 하려고 시작한 것인데, 내가 처한 환경이 나의 생각과는 완전히 다른 방향으로 흘러

가고 있었기에 시민권을 받고 싶지 않았다. 영주권만 가지고 살다가 한국으로 다시 돌아가서 대한민국 백성으로 살고 싶어서 고집을 부렸다.

그러다가 아내와 딸과 막내가 시민권을 받게 되었다. 나는 어쩔 수 없이 가족들에게 떠밀려 시민권을 받게 되었다. 큰아들은 받고 싶지 않다고 해서 그냥 두었다.

그 후에 드디어 딸이 대학 입학원서를 제출하게 되었다. 그런데 문제가 생겼다. 내 운전면허증이 뉴욕에서 받은 것이라 딸이 타주에서 온 학생이라고 여겨져 등록금이 엄청나게 비싸게 나온 것이다. 다행히 아내의 면허증은 메릴랜드에서 받은 것이어서 딸과 아내가 함께 사는 것으로 서류를 다시 넣어 등록금을 면제받고 장학금도 타게 되었다. 이런 일이 있은 후 큰 아들도 시민권을 받았고 나도 메릴랜드 운전면허증으로 바꾸게 되어, 우리 가족 모두가 미국 시민이 되었다.

예배 처소를 위하여

워싱턴 대성침례교회는 한국인을 위한 한인 교회이니만큼 따로 예배 장소가 있어야 하겠는데 여의치가 않았다. 하는 수 없이 미국 교회당을 빌려야 하는데, 이리저리 탐색하다가 지역에 있는 어느 장로교 교회로 목사님을 찾아갔다. "교실 하나만 빌려주실 수 있습니까?" 하고 간청했는데 이 목사님은 한마디로 거절하는 것이었다.

나는 다시 하나님께 기도하고 이번에는 남침례교회 목사님을 찾아가기로 했다. 지난번에 간청하는 식으로 이야기했다가 거지 취급을 당한 경험이 있기 때문에, 나는 하나님의 아들로서, 하나님의 종으로서 당당하게 찾아가기로 하였다. 벨을 눌렀더니 목사님이 나오셔서 들어오라고 하셨다. 나는 이렇게 이야기했다.

"저는 한국인 교회 목사 황찬규라고 합니다. 제가 목사님을 찾아온 목적은 예배 장소 때문입니다. 저희는 주일에 미국인 예배가 다 끝난 오후 1시에 예배를 드리려고 합니다. 또한 저희 교회는 새벽마다 예배를 드리며 기도를 합니다. 그리고 금요일에는 금요철야기도회를 합니다. 이런 예배와 기도회를 위하여 장소가 필요합니다. 이 예배당을 사용하고 싶습니다."

당당하게 이야기했더니 담임목사인 Gould 목사님은 즉시 다음 주일부터 예배를 드리라고 하셨다. 그리고 새벽기도회까지 다 하라고 하시면서 그 자리에서 열쇠를 내주었다. 하나님께 얼마나 감사기도를 드렸는지 모른다.

그 후에 나는 매일 새벽마다 혼자 예배당에 가서 기도를 하곤 했는데, 어느 날 문득 눈을 떠 보니 키가 큰 어떤 사람이 내 앞자리에서 기도하고 있는 것이 아닌가? 다시 보니 그 교회 담임이신 Gould 목사님이었다. 나는 예배당에서 한참 동안 기도를 하고 나서 물어보았다.

"목사님, 어떻게 이렇게 새벽에 교회에 나오셨습니까?"

"네. 저는 지금 코에 암이 걸렸습니다. 저를 위해 기도해 주세요."

Gould 목사님은 간절하게 기도를 부탁하는 것이었다. 나는 정말 간절하게 하나님께 기도드렸다. 놀라운 것은 예수님께서 이 목사님의 겸손과 믿음을 보시고 암을 깨끗하게 고쳐 주셨다는 사실이다.

그렇게 은혜롭게 예배당을 사용하다가 장소가 좀 협소한 듯하여 이 교회보다 좀 더 크고 좋은 교회당으로 옮기고 싶어서 주변을 물색하다가 좋은 교회를 발견했다. 이번에도 당당하게 이 교회당에 한국인들이 모여 예배를 드리고 싶다고 하였더니 이 목사님도 두말하지 않고 사용해도 좋다고 허락하였다.

그렇게 하여 그때부터 13년 동안 이 교회당을 사용하면서 나름대로 부흥을 이루었고 큰 은혜를 받았다. 하지만 오래 사용하다 보니 주일학교 아이들이 장난이 심해지고 때로는 창문도 깨고 하니까 미국 목사님과 성도들이 별로 좋아하지 않았다. 나는 우리의 자체 건물이 있어야 하겠다는 것을 절감하고 기도하기 시작하였다.

교회당 건축을 위하여

이렇게 모두들 기도하면서 사방으로 땅을 알아보고 있는데 어느 날 좋은 땅이 있다는 전화가 걸려 왔다. 실버스프링이라는 곳에 6에이커 (7,200평)의 땅과 집이 나왔다는 것이었다. 나는 당장 달려가서 주인을 만났다. 주인은 인사를 해도 아주 냉정한 표정을 지으면서 동양인에게는 팔고 싶지 않은 내색을 하는 것이었다.

알고 보니 그 주위에 전부 백인들만 살아서 동양 사람에게는 팔고 싶지가 않은 것 같았다. 나는 확신을 가지고 좀 더 담대하게 주인에게 말했다.

"당신은 곧 죽게 될 것입니다."

그는 불같이 화를 내었다.

"내가 왜 죽게 됩니까?"

"당신 나이가 어떻게 됩니까?"

"81살인데 그게 어떻다는 말이요?"

"거 보십시오. 얼마 후면 죽게 되지 않겠습니까? 그런데 죽기 전에 꼭 할 일이 있습니다."

"뭐라고? 이 사람이 참! 내가 해야 할 일이 뭔데 그러시오?"

"당신은 지금까지 하나님을 위해 무슨 일을 했습니까?"

그러자 주인은 잠시 할 말을 잊은 듯했다. 내가 다시 한 번 질문을 하자 주인은 겨우 대답했다.

"하나님 일은 한 번도 한 적이 없소."

"그렇기 때문에 당신이 죽을 것인데 죽기 전에 꼭 한 가지를 하고 죽으셔야 합니다."

"그러면 내가 무엇을 하면 좋겠소?"

"저는 한국인 교회 목사입니다. 제가 이 땅에 한인 교회를 세우려고 하는데 당신의 땅 6에이커를 하나님께 바치십시오."

주인은 어이가 없어 하더니 강하게 대들었다.

"이봐요! 당신 머리가 돌지 않았소? 별 이야기를 다 듣네."

"내가 머리가 돈 것이 아니라 당신이 머리가 돌았습니다. 제가 두 번째로 당신에게 말하건대 이 땅과 이 집을 100퍼센트 그냥 주시든지 아니면 이 땅값의 반 만 받고 파십시오."

"……."

"세 번째로 내가 당신에게 해 주고 싶은 일이 있는데, 당신 머리에 손을 얹고 안수하며 축복기도를 해 드리고 가고 싶습니다."

나는 이 주인을 안방으로 모시고 가서 안수축복기도를 정성껏 해드렸다. 그리고 나오면서 2가지 중에 1가지를 하시든지 아무튼 알아서 하시라고 하면서 명함을 드렸다.

나는 믿음을 가지고 교회에 와서 성도들과 함께 하나님께 부르짖기 시작했다. 한 주가 지난 가운데 땅 주인에게서 전화가 걸려 왔다. 매우 명랑한 음성이었다. 나는 즉시 달려갔다. 주인이 나를 보더니 아주 기쁜 표정으로 말했다.

"나도 사정이 있으니 이 땅과 집을 그냥 드릴 수는 없고, 목사님 이야기대로 반값에 드리겠습니다."

나중에 알고 보니 이 땅을 72만 달러에 사려고 하는 교회가 있었다고 한다. 하지만 땅 주인은 그 교회에 팔지 않고 내놓았던 값의 절반인 435,000달러에 우리에게 팔겠다고 하였다. 당시에 우리 교회에는 100,000달러가 예치되어 있었다. 나머지 335,000달러만 있으면 되었다. 이 돈은 이 땅과 집을 담보로 하여 대출을 받았다. 우리는 435,000달러에 그 넓은 땅을 구입하였다. 할렐루야! 이 땅 주인 할아버지는 3개월 후에 세상을 떠나셨다.

3

교회에 나타난
하나님의 역사

교통사고로 죽음에서 건짐 받은 성도

미국에서 목회할 때의 일이다. 교회에 충성하던 원자연 집사님이 있었는데 어느 날부터인가 주일예배에 한 번씩 빠지기 시작하더니 점차 빠지는 횟수가 늘어갔다. 나는 심히 염려스러워서 원 집사님이 운영하는 식당으로 찾아갔다.

"집사님, 사업을 하시는 것은 좋은데 주일예배에 자꾸 빠지시니 제 마음이 너무 아픕니다."

원자연 집사님은 식당을 직접 운영하는 주인이기 때문에 더욱 하나님께 예배드리는 일에 소홀히 하면 안 된다는 생각에 나는 너무 가슴이 아파 왔다. 그 후로 원 집사님은 몇 달 동안 주일예배에 참석하지 않았다. 그런데 어느 날, 급한 전화가 걸려 왔다. 원자연 집사님의 가족 중 한 분이었다.

"목사님, 큰일 났습니다. 프레드릭(Fredrick) 로드에서 큰 사고가 나서 우리 원자연 집사님이 크게 다쳤습니다. 지금 페어팩스(Fairefax) 병원에 입원하여 응급 치료를 받고 있습니다. 빨리 오셔서 기도해 주세요."

나는 전화를 끊자마자 급하게 달려갔다. 황급하게 병원에 도착해 보니 원자연 집사님의 그 예쁘던 육신이 흐늘흐늘 다 깨어지고 알아볼 수 없을 정도가 되어 있었다. 나는 담당의사에게 간곡하게 부탁을 드리고 큰 소리로 하나님께 간절하게 기도를 드렸다.

"하나님 아버지! 우리 원자연 집사님을 불쌍히 여겨 주시고 그의 영혼을 구원해 주시옵소서. 그리고 치료자 되시는 예수님께서 그의 육신을 깨끗하게 치유해 주시옵소서. 전지전능하시고 살아 계신 아버지여! 원자연 집사님을 살려 주시어 앞으로 성도로서의 귀한 사명을 잘 감당하게 해 주시옵소서!"

이렇게 큰 소리로 기도하는데 원자연 집사님이 다 죽은 것 같았고 실신상태였던 원자연 집사님이 갑자기 두 손을 높이 들면서 "할렐루야! 할렐루야!" 하더니 울면서 살아나는 것이었다. 우리는 너무나도 크게 감격하였고, 오로지 하나님께만 영광을 돌려 드렸다. 원자연 집사님은 몇 달 후 다리를 절뚝거리면서도 교회에 나와서 충성하기 시작하였다. 후에 그의 아들을 신학교에 보내면서 그 아들과 같이 교회를 개척하여 전도자로서 충성하고 계신다. 할렐루야!

내가 목회를 하면서 항상 병원선교를 하는 것은 과거에 방광암으로 고생할 때 "하나님께서 한번만 고쳐 주시면 저의 여생을 주님을 위해 바치겠습니다" 하고 울면서 기도했더니 뜨거운 성령님의 역사로 말미암아 질병을 깨끗하게 고침 받았기 때문이다. 그때가 1964년 6월 2일이다.

그때 나는 "누가 (질병의) 강도 만난 자의 이웃이 되겠느냐?"(눅 10:36)는 예수님의 말씀에 순종하여 오늘까지 오게 된 것이었다. 그리고 목회를 하면서부터 내 눈에는 성도들이 영적인 환자로 보여서 예수님의 심정으로 영혼 구원에 힘을 쏟았다.

새벽기도회에서 한글을 깨우치다

나는 새벽기도회 때 교회 근처의 성도들을 차에 태워 교회에 모시고 오는데, 그중 한성근 권사님이 계신다. 그런데 한성근 권사(원래 오성근 권사. 남편 성을 따라 한 씨 성을 씀)님은 한글을 모르는 분인데 어느 날 새벽기도회 때 갑자기 성경을 읽을 수 있게 되었다. 권사님은 한글을 모르니 답답하기 그지없어서 새벽마다 하나님께 한글을 가르쳐 달라고 간곡히 기도했었다. 하나님이 무식한 사람에게 지혜를 주시고 깨닫게 해 주셔서 한글을 알게 되었다고 너무나 기뻐하시던 모습이 지금도 눈에 선하다. 이분이 얼마 전에 연세가 100세가 되어 교회에서 100세 감사예배를 함께 드렸었다.

박종화 여인의 회개

미국 군인과 결혼하여 살다가 암게 걸려 죽어 가고 있는 박종화 여인이 있었다. 어느 날 이 여인의 남편이 나에게 전화를 걸어 왔다. 교회에서 30여 분 떨어진 곳에 있는 워터리드 병원(Water Reed Hospital)에 아내가 입원해 있다고 하였다. 빨리 오셔서 기도해 달라고 요청하는 것이었다. 그때가 저녁 8시경이었는데, 급하게 찾아갔더니 환자가 내게 이렇게 말했다.

"목사님, 제가 사흘 정도면 이 세상을 떠나게 될 텐데, 그러면 어디에 묻히고 싶으냐고 물어봅니다. 국립묘지에 묻히고 싶은지 개인묘지에 묻히고 싶은지를 묻습니다. 목사님, 정말 저는 죽게 되는 건가요?"

박종화 씨는 너무나도 두려워서 얼굴이 창백해져 있었다. 나는 이 여인에게 즉시 복음을 제시하였다.

우리 인간은 다 죄인입니다. 우리 인생은 어디에서 와서 어디로 가는지 알지 못하고 두려움 속에 방황할 수밖에 없습니다. 이 죽음에 대한 두려움이 얼마나 인생을 크게 지배하는지, 성경에서도 무려 365번이나 두려워하지 말라고 말씀하셨습니다. 우리 인간은 매일같이 두려워할 수밖에 없는 존재이기 때문입니다.

그러나 하나님은 우리 박종화 따님을 사랑하십니다. 하나님께서 우리 박종화 따님을 사랑하사 독생자 예수님을 주셨습니다. 그러므로 우리 종화 자매님은 예수님을 믿기만 하면 멸망하지 않고 영생을 얻게 하신다고 성경에서 말씀하고 있습니다.

종화 자매님은 언젠가는 이 세상을 떠납니다. 성경에는 이렇게 기록되어 있습니다.

"한 번 죽는 것은 사람에게 정해진 것이요 그 후에는 심판이 있으리니"(히 9:27)

인생은 누구나 이 세상을 떠납니다. 죽으면 아무것도 없는 무로 돌아가는 것이 아니요 죽음 후에는 영원한 세계로 들어가게 됩니다.

성경은 이와 같이 말씀하고 있습니다.

"그들(하나님을 믿지 않는 사람들)은 영벌(영원한 지옥)에, 의인들은 영생(영원한 천국)에 들어가리라"(마 25:46)

하나님께서 오늘 밤에 자매님의 생명을 거두어 가신다면 종화 자매님은 천국에 갈 수 있습니까?

사람은 누구나 아무리 선한 일을 하고 다른 사람을 많이 도와주면서 살아도 의인이 되는 것은 아닙니다. 인간은 하나님을 믿지 않음으로써 죄인이 되었기 때문입니다. 인간은 그 죗값으로 고통당하고 지옥에 가게 되는 것입니다. 성경은 죄의 값은 사망이라고 말합니다(롬 6:23). 죄인들이 갈 곳은 지옥입니다.

성경에 보시면 지옥은 불과 유황 못이라고 말씀하고 있습니다. 지옥에 가는 죄인들은 세세토록 밤낮 괴로움을 받으리라고 하십니다(계 20:10). 죄를 지으면 하나님과 나의 사이는 끊어져 버립니다. 이사야서에 보시면 "오직 너희 죄악이 너희와 너희 하나님 사이를 갈라놓았고 너희 죄가 그의 얼굴을 가리어서 너희에게서 듣지 않으시게 함이니라"(사 59:2)고 하셨습니다. 그래서 우리 인간은 우리의 지혜나 우리의 의지로는 천국에 갈 수 없는 것입니다.

그런데 하나님의 아들 예수 그리스도만이 사람의 죄 문제를 해결할 수 있습니다. 왜냐하면 예수 그리스도께서는 우리 죄를 대신하여 죽으심으로써 우리 죄의 값을 갚으셨기 때문입니다. 우리 죄를 대신 짊어지셨을 뿐 아니라 죽으셨다가 부활하심으로써 죄 때문에 생긴 죽음을 이기셨습니다. 성경은 이렇게 말씀하고 있습니다.

"이는 성경대로 그리스도께서 우리 죄를 위하여 죽으시고 장사 지낸 바 되셨다가 성경대로 사흘 만에 다시 살아나사"(고전 15:3-4)

자매님! 우리가 천국에 가는 길은 오직 예수님을 믿는 길이 유일한 길입니다. 성경은 또 이렇게 말씀하십니다.

"예수께서 이르시되 내가 곧 길이요 진리요 생명이니 나로 말미암지 않고는 아버지께로 올 자가 없느니라"(요 14:6)

그뿐인 줄 아십니까?

"다른 이로써는 구원을 받을 수 없나니 천하 사람 중에 구원을 받을 만한

다른 이름을 우리에게 주신 일이 없음이라"(행 4:12)

인생은 죄로 인하여 괴로워하면서 쓰러지기도 하기 때문에 예수님은 우리를 초청해 주십니다. 예수님은 "수고하고 무거운 짐 진 자들아 다 내게로 오라 내가 너희를 쉬게 하리라"(마 11:28)고 말씀하셨습니다. 그래서 우리가 예수님께로 온 것입니다. 자매님은 이 자리에서 예수님을 믿고 천국에 가실 수 있습니다. 이제 자매님은 저를 따라서 고백하시기 바랍니다.

"예수님, 저는 죄인입니다. 어디에서 와서 어디로 가는지 알지 못하고 방황하다가 여기까지 왔습니다. 오늘 저는 하나님으로부터 부르심을 받았습니다. 나를 위하여 피 흘리신 예수님, 십자가의 값진 피로 저의 죄를 씻어 주세요. 저를 위하여 죽으시고 저를 위해 부활하신 예수님을 저의 생명의 구주로 모셔 들입니다. 지금부터 영원토록 예수님과 함께 살겠습니다. 하나님은 저의 아버지가 되셨습니다. 나를 구원해 주시니 감사합니다. 예수님의 이름으로 기도드립니다. 아멘."

나는 이렇게 복음을 전하고 영접기도를 마친 후에 집으로 돌아왔다. 다음 날 새벽에 박종화 씨의 남편으로부터 빨리 와 달라는 전화가 걸려 왔다. 단숨에 달려갔더니 박종화 자매가 기쁨이 넘쳐 자기 간증을 하겠다고 하였다.

"목사님이 저에게 말씀을 전해 주시고 기도하고 가신 후에 많은 생각들을 했습니다. 그리고 꿈을 꾸었습니다."

"꿈이요? 무슨 꿈일까요?"

"꿈속에서 제가 누워 있는데 흰옷을 입으신 예수님이 오셨어요. 그런데 예수님의 팔의 혈관에서 링거 줄 같은 것이 내려오더니 제 팔의 혈관과 연결되는 거예요. 그러더니 예수님의 피가 제 혈관 속으로 흘러

들어 오게 되었고, 그 순간 제가 지금까지 두려워하던 모든 것이 다 물러가고 제 마음속에 구원의 확신과 기쁨이 충만해졌어요. 저의 죄를 위해 하나님의 독생자이신 예수님을 보내신 것을 믿게 되었어요."

박종화 성도가 기뻐하는 모습을 보면서 나도 너무나 기뻐서 함께 하나님께 감사기도를 드렸다. 이날이 1979년 2월 23일이었다. 나는 날아갈 듯 기쁨이 충만하여 천하보다 귀한 한 영혼을 구원해 주신 예수님께 깊은 감사를 드렸다.

4

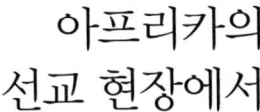

아프리카의 선교 현장에서

 내가 목회하는 가운데 아프리카 김종양 선교사님이 여러 번 나를 초청하여 아프리카로 가서 선교를 하는데 그때마다 선교는 순교구나 하는 마음을 절감할 수 있었다. 한번은 미국에서 내가 존경하는 목사님이 여름수양회를 인도해 달라고 부탁하셔서 수양회를 인도하였는데, 사막 지역에서 잠을 자다가 감기가 심하게 걸려 몸이 몹시 아픈 적이 있었다. 그런데 김종양 선교사와 오래전에 약속한 일정이 있어 아프리카로 갈 수밖에 없었다.
 아프리카에 가서 목적지 마을로 가는데 마침 홍수가 나서 물이 넘쳐 건너가기에는 너무 위험해 보였다. 하지만 원주민들은 주변에서 커다란 돌멩이를 하나씩 들더니 그것을 안고 강을 건너는 것이 아닌가? 나도 따라서 해 보니까 무거운 돌멩이로 인하여 무게중심이 잡혀서 안정감 있게 강을 건널 수 있었다. 우리가 신앙생활을 하다 보면 홍수와 같은 어려움을 만날 때가 있지만 이때 바로 산 돌이신 예수님을 모시고 예수님께서 이끄시는 대로 가면 예수님께서 모든 시험을 물리쳐 주실 것을 확신한다.

춤이 예배이다

　김종양 선교사님의 초청으로 아프리카 말라위에 간 적이 있었는데, 수개월 전부터 광고를 해서 많은 사람들이 모여 있을 것으로 생각했지만 어린아이들 몇 명만 모여 있었고 성도들은 한 사람도 보이지 않았다. 알고 보니 수백 명의 성도들이 며칠 전에 다 모여 있었는데 달력도 시계도 없으니 자기들이 날짜와 시간을 추측하여 모였다는 것이었다.

　아무튼 나중에 많은 성도들이 모였는데, 이곳에는 중·고등학교는 물론 초등학교도 없어 글자 자체를 모르기 때문에 모여서 그냥 춤을 추며 "예수! 예수! 할렐루야!" 하고 찬송하는 것이 예배였다. 춤을 통하여 예배를 드리기 때문에 언제나 예배는 축제 분위기였다. 보통 춤은 짧게는 30분, 길게는 2시간가량 이어지는데, 춤추기를 다 마친 후에 내가 강단에 올라가서 말씀을 전하게 된다.

　어느 날 예배에서 찬양이 거의 마무리되었다고 짐작하고 강단에 올라가서 말씀을 전하려고 하는데 한 여자 성도가 강대상에 올라오더니 내 손을 잡고 무조건 나를 끌고 내려가려고 하는 것이 아닌가! 어쩔 수 없이 그 성도를 따라 내려갔더니 같이 춤추자는 시늉을 해 보였다. 그렇다고 그 성도의 손을 뿌리치고 강대상으로 다시 올라갈 수도 없고 하여 손에 붙들려 춤을 추는데, 수십 명의 성도들이 함께 일어나더니 나를 둘러싸고 함께 춤을 추기 시작하는 것이었다. 나는 한 5분 정도 춤을 추면 되겠지 했는데, 30분 이상을 같이 춤을 추는 것이었다.

　속으로 너무 당황했지만 그러면서 나는 이분들의 마음을 읽기 시작했다. 내가 몸이 아픈 가운데 그곳에서 설교를 하려고 강단에 서 있었는데 이분들이 보기에 내가 얼굴을 신 레몬을 먹은 것처럼 찡그리고 있어 너무도 안타까워 보였던 것이었다. 그래서 강대상에 서 있는 나를 끌고 내려가서 함께 춤을 추게 한 것이 아닌가 생각되었다. 그 후로 춤을 함께 추고 나서 설교를 하다 보니까 이제는 춤을 추지 않고는 설교를 못 할 것 같은 생각까지 들었다.

찬양하며 춤추며 예배를 드리는 중에 내가 은혜를 받은 것은 4-6살쯤 되어 보이는 어린아이들이 깡통에 모래를 넣고 흔들거나 짐승의 가죽으로 만든 북을 치면서 춤을 추는 모습이었다. 아프리카 사람들은 예수님을 믿기 전에는 귀신에 사로잡혀 무당과 같은 부족 제사장들의 지배를 받았던 사람들인데, 아프리카대륙선교회를 통하여 예수님을 믿고 변화된 것이 아닌가? 이들이 성령에 감동되어 성령 충만하여 하나님의 영광을 위하여 북을 치며 깡통을 흔들며 춤을 추며 예배를 드리게 되니 얼마나 은혜로운가!

파리똥이 치료약

아프리카 선교 초기에 김근철 목사님과 방규오 총무님, 아프리카 여러 사역자들과 함께 아프리카를 심방하였다. 이때 수많은 모기와 말라리아의 위험에도 불구하고 원주민들처럼 그냥 땅바닥에서 잠을 잘 때도 많았다.

어느 날 그들이 주는 음식을 먹고 위장에 이상이 생겼다. 오랫동안 기도했지만 낫지 않고 고난이 계속되었다. 하지만 그러는 가운데에서도 하나님의 은혜로 아프리카에 갈 때마다 계속 그들이 주는 음식을 거리낌 없이 먹었는데, 위장에 병이 생긴 지 약 2년 만에 치유를 받게 되었다.

그 이유를 알고 보니 그들이 제공하는 음식 가운데 해답이 있었다. 그들의 음식 중에는 생선을 모래 위에 말려 요리해 먹는 음식이 있는데 문제는 이 생선에 파리들이 잔뜩 끼어 파리똥이 그득하다는 것이었다. 그들은 그런 것은 신경 쓰지 않고 먹는데, 사실은 이 파리똥이 치료제였던 것이었다.

　내가 미국에 와서 어느 의료잡지를 읽는 가운데 파리똥을 연구한 내용이 있었다. 그런데 이 파리똥에서 항암제가 발견되었다는 것이었다. 파리똥이 그대로 있는 음식을 받아먹고 위장병이 생겨 오랫동안 너무나도 괴로웠지만 오히려 그 파리똥으로 인하여 위장병을 낫게 하시는 하나님께 감사와 영광을 돌려 드린다.

5

목회
조기 은퇴

나는 한편으로는 열심히 목회를 하면서 병원선교 활동을 했다. 독일 심방과 아프리카 심방, 그리고 한국 방문과 세계병원선교회 대회 참석, 그리고 중국 선교와 북한 방문까지 미국에 있는 동안 시민권 덕분에 무사통과로 다닐 수 있었다. 유럽 여러 나라와 이스라엘도 마음대로 방문할 수 있었다. 그러나 내 마음 밑바닥에는 한국병원선교회에 대한 아픔이 늘 자리 잡고 있었다.

처음 교회를 시작할 때에는 15명이었지만 점점 성장해 정교인 200명을 넘게 되었고, 교회 건축을 위해 건축 부지도 7,200평을 매입했다. 그리고 그곳에 가건물을 지어 예배드리기 시작했다. 교회 신축을 꿈꾸며 안정적인 교회로 나아가 조금은 쉼을 얻는 평안을 누리던 어느 날, 새벽기도 시간에 나는 하나님의 부르심을 받았다.

"찬규야! 네가 어디 있느냐?"

"네, 제가 여기 있습니다!"

그런데 또 다시 부르시는 것이었다.

"네가 어디 있느냐?"

그때 나는 번개처럼 지나가는 나의 소명을 새삼 깨닫게 되었다.

"너는 지금 평안하게 안식을 누릴 셈이냐? 한국병원선교회는 어떻게 하려고 여기서 이렇게 앉아 있느냐?"

책망하시는 음성이 들리는 것 같았다. 나는 그 자리에 엎드려 처음 주님께서 내 병을 고쳐 주셨을 때, "환자전도를 위해 내 남은 생애를 다 주님께 드리겠습니다"라고 약속했던 것이 떠올라 엉엉 울며 방성대곡을 했다.

"주님 용서해 주소서! 내가 편안해지니까 그냥 이 자리에 머물고 싶어졌습니다!"

나는 회개하고 울었다. 그러나 며칠이 지나자 마음이 약해지고 나의 감정적인 결과였구나 하고 그냥 무시해 버리게 되었다. 그런데 아내가 나에게 "어젯밤 꿈에 하나님이 교회를 그만두라고 하시네요"라고 했다. 나는 무슨 말이냐고 핀잔을 주었다. 아내는 두 번이나 하나님의 말씀을 받았다고 하였다. 하지만 나는 만약에 정말 교회를 그만두는 것이 하나님의 뜻이라면 나에게 반드시 말씀해 주실 것이라고 생각하여 아내의 말을 흘려버렸다. 그런데 며칠 후, 새벽기도회 때 주님은 나에게 말씀으로 다시 찾아오셨다.

"범사에 기한이 있고 천하 만사가 다 때가 있나니 날 때가 있고 죽을 때가 있으며 심을 때가 있고 심은 것을 뽑을 때가 있으며 죽일 때가 있고 치료할 때가 있으며 헐 때가 있고 세울 때가 있으며 울 때가 있고 웃을 때가 있으며 슬퍼할 때가 있고 춤출 때가 있으며 돌을 던져 버릴 때가 있고 돌을 거둘 때가 있으며 안을 때가 있고 안는 일을 멀리 할 때가 있으며 찾을 때가 있고 잃을 때가 있으며 지킬 때가 있고 버릴 때가 있으며 찢을 때가 있고 꿰맬 때가 있으며 잠잠할 때가 있고 말할 때가 있으며 사랑할 때가 있고 미워할 때가 있으며 전쟁할 때가 있고 평화할 때가 있느니라 ……
하나님이 모든 것을 지으시되 때를 따라 아름답게 하셨고 또 사람들에게
는 영원을 사모하는 마음을 주셨느니라 그러나 하나님이 하시는 일의 시
종을 사람으로 측량할 수 없게 하셨도다"(전 3:1-11)

이 말씀을 읽을 때 내 눈에 글자가 크게 보였다.
"아! 내가 교회를 그만두는 것이 하나님의 뜻이구나."
나는 또 한 번 주님께 무릎을 꿇고 간절하게 기도드렸다.
"주님 순종하겠습니다. 제게 힘을 주소서. 이 마음이 결코 흔들리지
않게 하소서."
그다음 주일에 나는 강단에서 성도들에게 질문을 하였다.
"사랑하는 성도 여러분! 제가 누구입니까?"
성도들은 잘도 대답하였다.
"예! 하나님의 종이지요!"
"예, 맞습니다. 그러면 하나님의 종은 누구의 말씀을 들어야 하죠?"
"하나님의 말씀을 들으셔야지요."
"예, 맞습니다. 저는 1달 후 1999년 7월 25일에 우리 교회 담임목사
직을 그만두겠습니다. 이유는 하나님의 뜻이기 때문입니다."
교회에서는 목사님 혼자서 마음대로 교회를 그만두실 수 없다고들
이야기했다. 특히 여러 성도들과 할머니들은 눈물을 흘리면서 너무 안
타까워하는 것이었다. 담임목사 혼자서 결정해서 교회를 그만둘 수 없
는 일이지만 내가 워낙 강경하게 선포해 버리니까 성도들도 어찌할 수
가 없었다. 그리하여 나를 원로목사 겸 선교목사로 하기로 결정하였다.
하지만 내가 은퇴는 하더라도 후임목사를 누구로 할 것인가 하는 중요
한 문제가 남아 있었다. 성도들이 나에게 물었다.
"그러면 목사님 후임으로 정해 놓으신 분은 있으신가요?"

나는 우리 교회에서 수고하고 있는 부목사를 추천하였다. 일부 성도들의 반대가 좀 있었지만 내가 추천한 관계로 다들 허락하였다.

제5장

최후의 달려갈 길을 위하여

1. 한국으로 다시 돌아오다
2. 한국에서의 병원선교회 활동
3. 국립암센터 사역
4. 본부와 지부 사역에 대하여
5. 세계병원선교회 70주년 한국대회
6. 한국병원선교회의 주요 역사 및 현황

1
한국으로
다시 돌아오다

그때 내 나이가 육십을 조금 넘었지만 아무것도 없는 한국 땅에서 병원선교회를 다시 이끌어 간다는 것이 쉽지 않았기 때문에 내 마음이 두렵고 떨렸다. 그런데 그때, 아내가 나에게 두렵냐고 물었다. 그렇다고 대답했다.

"한국에 나가면 당장 어디서 먹고 자며, 선교비는 어디서 지원받으며, 당신은 어떻게 생활할 거요?"

아내가 나를 물끄러미 바라보더니 이렇게 말하는 것이었다.

"목사님, 사명감도 믿음도 식어 버렸어요? 우리가 처음 미국 올 때를 생각해 보세요. 이민 보따리 몇 개에 얇은 이불 몇 장 넣고 수저 몇 개, 옷 한 벌씩 싸 가지고 삼남매(10살, 12살, 14살) 데리고 맨손에 돈 900불 빌려서 오지 않았어요? 그래도 지금까지 잘 살아왔고 아이들 출가해 가정을 이루고 살고 있으니 이제야말로 홀가분한 마음으로 복음 전파에 헌신할 수 있지요. 당신하고 나하고 두 사람만 책임지면 되는데 무엇이 걱정이세요?"

나는 순간 부끄러웠다. 평소에는 아내가 나보다 믿음이 부족한 사람이라고 생각했는데 내면을 보니 하나님을 믿는 믿음이 대단했다. 그다음 주일에 은퇴식을 하고 부목사님을 담임목사로 세우고 나는 원로목사 및 선교목사로 세움 받았다. 그때 교회가 건축 준비 관계로 재정적으로 힘들었다. 아내와 나는 타고 다니던 교회 자동차를 교회에 돌려드리고 은퇴금이나 모든 것을 일체 사양하고 빈손으로 이민 가방에 옷가지 몇 개를 챙겨서 사택도 비워 주고 딸의 집으로 들어갔다.

은행 통장에는 돈 100불이 잔고로 남아 있었다. 워싱턴에 와서 20년 9개월 동안 눈 붙일 겨를도 없이 주님 위해 일하고 교회 건축 부지 구입하고 가건물 지어 예배드리다가 떠나온 주의 종의 모습이었다. 그때 교회에는 건축을 위해 모아둔 얼마간의 재정이 있었지만 우리는 그 돈을 받기를 거절했다. 하나님의 예배당을 건축하는 일이 우리 개인의 삶보다 시급하고 중요했기 때문이다.

그 후 1999년 8월 2일 나는 빈손으로 겨우 비행기 표만 구입해서 한국으로 향했다. KAL 기를 타고 둘레스 공항을 출발하였다. 비행기 표 한 장이 미국 목회에서의 총결산이었다. 아내는 딸 집에 머물러 있고 나 혼자 한국으로 떠났다. 한국에서 미국으로 갈 때도 주머니에는 하나님을 향한 믿음만 가득했고 미국에서 한국으로 나올 때도 내 주머니에는 하나님을 의지하는 믿음만 가득했다.

1967년 5월 27일, 처음 병원선교회를 시작할 때나 1999년 8월 2일 다시 한국으로 돌아올 때나 똑같이 가방 하나에 옷가지 몇 개와 성경책, 전도지, 노트, 세면도구 그것이 전부였다. 도착하면 어디로 가야 하나? 방규오 장로님 댁으로 갈까? 누님 댁으로 갈까? 이것저것 생각하다 보니 한국에 도착했다. 누가 나에게 인사를 했다. 누군지 잘 기억이 안 났는데 워싱턴 대성교회 다니던 한승완 청년의 아버지 한정수라고 자신을 소개하였다.

"제가 아들로부터 목사님이 한국에 가신다는 소식을 들었는데 오늘 같은 비행기를 타고 오게 되었습니다. 목사님, 적지만 이것 받으세요."

한정수 씨는 내 주머니에 돈을 30만 원을 넣어 주고 부산에 오시면 꼭 들러 달라면서 주소를 알려 주고는 얼른 사라져 갔다. 실상 나에겐 교통비 정도밖에 없었는데 갑자기 부자가 된 느낌이었다. 열왕기상 17장 1-7절에 나오듯이 까마귀를 통해 엘리야를 먹이시던 하나님의 손길을 느꼈다. 지금부터 하나님께서 나를 인도하시고 돌보고 계심을 확신하면서 일단 누님 댁에 거처를 정하였다.

나는 우선 한국병원선교회 총무인 방규오 장로님을 만났다. 방 총무님에게 한국에 아주 나와서 병원선교 사역을 다시 시작하겠다고 했다. 그리고 나서 한국병원선교회 회장인 신상철 회장님(축령복음병원 원장)을 찾아뵈었다. 이 두 분의 따뜻한 사랑과 변함없는 믿음으로 인하여 그 후 한국에서의 새로운 병원선교 사역에 힘을 받을 수가 있었다.

그다음에는 나의 본 교회라고 할 수 있는 베다니교회(현 한국중앙교회) 원로목사이신 최복규 목사님과 임석순 목사님을 뵙고 그간의 소식을 말씀드렸다. 나는 나를 영적으로 지도해 주시고 나의 아내와 결혼할 수 있도록 만들어 주신 최복규 목사님의 사랑을 잊을 수가 없다. 내가 오늘에 이르게 된 것도 최 목사님과 사모님의 기도와 사랑의 은덕이다. 임석순 목사님도 인자하신 분으로 다시 만나 뵙고 큰 용기와 위로를 받았고 지금도 잊지 않고 있다.

2

한국에서의
병원선교회 활동

 나는 한국에 온 이후로 누님 댁에서, 때로는 방규오 총무님 댁에서 하루하루를 보냈다. 나중에 딸과 사위가 마련해 준 자동차를 타게 되었고 또 딸 내외가 마련해 준 집에서도 살았다. 사무실은 신상철 회장님이 마련해 주신 축령복음병원 안에 있었다. 그리고 나는 방규오 총무님과 신상철 회장님을 대신하여 전국 병원을 순회하면서 말씀을 전하고 복음을 전파했다.
 신상철 회장님은 나를 한국병원선교회 명예 회장으로 세워 주셨다. 그리고 축령복음병원과 축령정신병원, 남양주병원에서 원목으로 사역하게 해 주셨고, 이사장실을 원목실로 내주셨다. 게다가 게스트 하우스까지 사용하게 해 주셨다. 또한 나를 극동아시아 책임자로 세계병원선교회에 추천까지 해 주셨다. 신상철 원장님과 함께 신동열 행정원장님의 은덕으로 지금까지 선교 활동을 활발하게 하고 있다.
 병원선교회의 원래 목적은 환자들에게 직접 복음을 전하는 것이 1차이지만, 더 넓은 사역을 위해 병원에 근무하는 의료인들을 세워서 환자들에게 복음을 스스로 전하게 만드는 것이 더 큰 목적이다. 축령복음병원 박상혁 원장님과 축령시립정신병원 차경열 원장님이 나 대신 말씀을 전하고 있으며, 환자들에게 큐티를 인도하면서 전인치료를 베풀고 계신다. 육체적으로만 의술을 통하여 치료하는 것이 아니라 날마다 하나님의 말씀으로 치료하고 있는 것이다.

 나는 원목으로 있지만 사실은 도와만 드릴 뿐이다. 마치 운동경기에서 감독은 직접 뛰는 선수가 아니며 선수가 가장 활발하게 경기할 수 있도록 지도하는 역할만 하는 것처럼 나는 기독교 의료인들이 직접 말씀을 증언하는 선수로 사역하도록 돕는 지도자로서의 역할만 할 따름이다. 신상철 회장님도 매주 1회 이상 말씀을 증거하고 계신다. 신이운 이사장님과 모든 직원 분들도 마찬가지로 나를 돕고 계신다. 이동욱 목사님과 방규오 장로님, 한은수 장로님도 적극 협력하고 계신다.

3

국립암센터 사역

내가 한국에 다시 들어온 이듬해인 2000년 3월에 국립암센터가 세워진다는 소식을 들었다. 나는 암센터가 개원하자마자 병원에 들어가서 성경공부를 시작할 수 있었다. 이렇게 할 수 있었던 것은 두 분의 헌신자들 덕분이었다. 내가 과거 병원선교회 초기에 국립의료원 원목실에 있을 때 간호대학생이었던 김남신 장로님이 국립암센터 간호과장이었고, 당시 한국병원선교회 사역자였던 남명자 간호사님이 중환자실 수간호사여서 이분들을 통하여 국립암센터 신우회를 조직하고 암센터 내에서 복음을 전할 수 있었던 것이다.

국립암센터에서는 매주 주일 오후 4시 주일예배와 수요예배를 사역자들과 환우들이 함께 드리고 있으며, 사역자들과 회원들이 매주 월요일, 수요일, 금요일 3일을 전 병실에 다니면서 암 환자들에게 전도하고 있다. 이렇게 하여 한 주에 20-30명가량의 환자들이 예수님을 만나고 영접하는 역사가 일어나고 있다. 그리고 이렇게 영접하신 분들이 온전한 믿음을 가지고 천국에 갈 수 있도록 매주 수요일 12시에 모여 간절히 기도하고 예배드리고 있다.

또한 이 일을 위하여 30여 명의 사역자들이 훈련을 받으며 전도에 힘을 기울이고 있다. 이들 30여 명의 사역자들은 대부분 과거에 본인이 암 환자로 있었던 분들로서, 이때 예수님을 영접하고 결단하여 훈련을 받고 사역자가 된 분들이고, 또는 가족들 가운데 암 환자가 발생했을 때 하나님의 말씀으로 은혜를 받은 분들이다.

하지만 처음부터 허가를 받은 것은 아니었다. 국립암센터 사역을 시작한 지 10년도 넘은 2012년 7월에서야 정식으로 병원의 허락을 받아 예배와 전도를 감당하고 있다.

국립암센터에서 헌신하고 계시는 이강현 원장님을 비롯한 최성원 회장, 장혜정 부회장, 양재석 부회장, 최정미 총무, 그리고 박아경 실장님, 최은숙 간호교육과장님, 정명일 기사님, 이광미 수간호사님, 이연옥 병동과장님, 이 란 특수간호과장님을 비롯한 모든 사역자들이 나를 적극 도와주고 있어서 하나님께 큰 감사를 드리고 있다.

주일예배를 위해서는 나를 도와 김다니엘 목사님이 격주로 말씀을 담당하시고, 수요예배를 위해서는 방규오 총무님과 팀장인 이희춘 간사님이 나를 도와 사역을 하고 있고, 이정옥 간사님과 이순재 간사님을 비롯한 30여 명의 사역자와 신우회 회원들이 나를 도와 전 병실을 방문하고 매주 많은 전도의 결실을 맺고 있어 하나님께 뜨거운 감사를 드린다.

4

본부와
지부 사역에 대하여

　본회에서는 2015년 8월 17일에 병원선교회관과 사택을 건축하여 하나님께 건축헌당감사예배를 드렸고, 매달 기도회와 수양회를 이 선교회관에서 드린다. 지난 8월 세계병원선교회 회장이신 Chris Steyn 박사께서 본회를 방문하여 여러 병원 활동을 보셨고, 나와 함께 일본지부와 몽골지부도 방문하여 각 병원에서 말씀을 인도하셨다.
　2017년에도 5월 11일-13일에 수양회가 있다. 이때 세계병원선교회 회장이 주 강사로 오신다. 특히 5월 13일에는 한국병원선교회 50주년 기념예배가 있다. 이 모든 것이 하나님의 은혜이다.
　본부에서의 국립암센터 사역 외에 축령복음병원과 남양주노인병원은 신상철 원장님의 배려로 내가 원목실장으로 일하고 있다. 이곳에서도 나를 돕는 숨은 동역자들이 있다. 일일이 이름을 열거하지 못하지만 하늘나라 생명책에는 기록되어 있음을 믿고 감사를 드린다.
　서울시내에 있는 부민병원에는 공진수 목사님과 백문화 간사님이 수고하고 계신다. 해븐리 요양센터에서는 이은미 센터장님, 박봉신 목사님, 신경선 전도사님이 사역하고 계시고, 해누리요양병원에서는 신경선 전도사님, 효림요양병원에서는 박봉신 목사님, 제이병원에서는 신경선 전도사님, 효 요양병원에서는 박봉신 목사님이 각각 사역하고 계신다.

부산·경남지부에서는 김진동 목사님이 수고하고 계시며, 곽정주 간사님을 비롯한 사역자들이 부산, 경남지역의 많은 병원에서 활발하게 사역하고 있다. 대구·경북지부에서는 초대 지부장으로 장황호 목사님, 2대 지부장으로 이석영 목사님, 3대 지부장으로 김무년 목사님께 지부장 위촉장을 드렸으며, 본회와의 연락책임자로 신형주 병원장님, 총무로 신인영 이사장님이 수고하고 계신다.

울산지부에는 전용애 간사님이 팀장으로 수고하고 계신다. 특히 전용애 간사님은 울산 시내 31개 병원을 돌보고 계신다. 울산교회 담임인 정근두 목사님께서 울산지부장으로 계시면서 적극적으로 돕고 계시기 때문에 활발한 전도가 일어나고 있는 것이다. 나는 매월 또는 격월로 내려가서 말씀을 전하고 회원들을 격려하고 있다. 울산지부 지도목사로 조철인 목사님, 김삼경 목사님, 김기윤 목사님, 손승호 목사님을 세우고 기도해 드렸다. 이분들이 돌아가면서 말씀을 인도하고 있는 것이다.

광주에서는 이인국 목사님이 지부장으로 수고하고 계시며 총무로 김옥희 목사님이 수고하고 계신다. 전주에서는 정선범 목사님이 지부장으로 계시며 백기태 목사님이 협력하고 계신다.

하나님은 복음을 전파하여 사람들에게 구원의 은혜를 베풀기 위해 곳곳에 동역자들을 세워 놓으셨다. 이렇게 복음을 전파할 수 있게 본회 이사님들과 임원진(실행위원들)을 세워 주심을 하나님께 영광 돌린다.

5

세계병원선교회
70주년 한국대회

2006년은 세계병원선교회 70주년이 되는 해였다. 1987년에 세계병원선교회 50주년 기념대회를 한국에서 유치한 바 있었지만, 이번에는 컨퍼런스로 대회를 유치하게 되어 세계의 수많은 병원선교 관련자들의 모임이 되었다. 후에 두고두고 회자된 이야기이지만 세계병원선교회 역사상 수많은 컨퍼런스가 있었지만 70주년 컨퍼런스가 가장 규모가 컸고, 활발하고 은혜가 넘쳤다고 하였다.

다음 기사는 국민일보에 실린 내용이다.

국제병원선교기구인 세계병원선교회(HCFI)가 주최하는 아시아·태평양지역 컨퍼런스 및 70주년 기념대회가 열렸다(회장 신상철 박사). 2006년 10월 10일-14일 서울 방이동 임마누엘감리교회(김국도 목사)와 올림픽 파크텔에서 '병원선교의 비전'이라는 주제로 열리는 이번 행사에는 전 세계 병원선교 관계자 400여 명이 참석하였다. HCFI 94개국 지부에서 의사, 간

호사, 병원직원, 원목 등과 일반 사역자들이 참여하는 이 컨퍼런스는 3년마다 아시아·태평양지역 국가들을 중심으로 열린다.

세계병원선교회는 1936년에 창립된 초교파 국제병원선교단체로, 한국을 포함하여 세계 56개국이 회원으로 가입되어 있다. 한국병원선교회는 1967년 황찬규 목사(HCFI 극동아시아 대표)가 한국에서 설립한 뒤 1968년에 세계병원선교회에 정식으로 가입했다.

10월 10일 오후에 열린 개막식에는 Dr. 조지 맥도널드 HCFI 회장과 신상철 박사, 황찬규 목사가 환영사를 하였다. 또 미국 글로벌 트레이닝 프로그램 대표인 다니엘 파운티 박사가 주 강사로 나서서 아프리카 콩고에서 36년간 의료선교 사역을 펼친 생생한 자신의 경험담을 들려주었다. 이 밖에 피터 윙 박사, 크리스 스테인 박사 등이 펼치는 여러 주제의 선택 강좌도 진행되었다.

준비위원장인 황찬규 목사는 "복음의 역사가 120년이 된 한국 교회가 세계병원선교회 창립 70주년이 되는 뜻 깊은 해에 이런 큰 행사를 개최하게 돼 매우 기쁘다"며 "이번 대회는 병원선교를 성경적으로 재조명하는 동시에 의료 분야 사역자들의 사명감 고취에 초점을 맞추었다"고 말했다. 또 "교회의 전 시설을 무료로 사용하도록 하고 지원을 아끼지 않은 임마누엘 교회 측에 깊이 감사드린다"고 덧붙였다.

이번 행사는 한국기독교의료선교회를 비롯해 한국기독교의료선교협회, 대한기독간호사회, 누가회, 샘병원, 한국중앙교회, 아현교회, 아멘교회, 의정부소망교회, 일산지구촌교회, 성실교회 등이 후원하였다.

6

한국병원선교회 주요 역사 및 현황

1967. 5. 27.	• 국립의료원 강당에서 창립(초대 회장 황찬규)
1968. 5.	• 2대 회장 오상백(황찬규 초대 회장은 총무로 활동)
1968년	• 세계병원선교회 회장(Francis Grim) 부부 한국 방문
	• 세계병원선교회 정식 가입
1969. 9.	• 세계병원선교대회에 한국 대표로 황찬규 총무 참석
	• 황찬규 총무 훈련차 영국 파송
	• 황찬규 총무 영국 Capernray Bible School에서 병원선교회 지도자로 6개월간 교육 이수
1969년	• 오상백 회장 사임(미국 이민)
	• 황찬규 총무가 회장 대행
1972년	• 3대 회장 황찬규
	• 황찬규 회장 세계병원선교회 오스트리아 대회 한국 대표로 참석
	• 황찬규 회장 세계병원선교회 극동아시아 Co-ordina-

	tor(총무)로 임명받음
1978년	• 아프리카대륙선교회도 종종 방문하여 김종양 선교사의 선교지 후원(김근철 목사님과 김종양 선교사와 97명의 아프리카 원주민 사역자들을 선교사로 위촉)
	• 김종건 집사와 조정희 집사 부부를 만나 병원선교회를 보다 적극적으로 후원하기 위해 메릴랜드에 워싱턴 대성침례교회 창립(지금은 한우리교회로 명칭 변경)
	• 목회 중 독일, 아프리카, 한국(방문) 세계병원선교대회 참석
1978-1988	• 황찬규 회장이 황정희 총무에게 모든 업무를 맡기고 떠남
1987. 7. 7.	• 연세대학교 원주캠퍼스에서 세계병원선교 50주년 기념대회 가짐(세계병원선교회 회장 본회 방문)
1988년	• 그림 회장 본회 방문 후 88년도 10월 17일 방규오 장로님 댁에서 재건모임을 가짐(참석인 황찬규, 방규오 외 13명)
	• 김용순 4대 회장(11월 7일 경희의료원 성지에서온교회에서 재건 총회를 열어 추대)
1989. 3. 13.	• 5대 회장 김명호
1993. 3. 22.	• 6대 회장 신상철(광장교회에서 회장으로 선임)
	• 현재까지 회장으로 사역 중
	• 초대 회장 황찬규 목사는 명예 회장으로 추대
1999. 7. 25.	• 황찬규 목사 워싱턴대성교회 담임목사 은퇴
1999. 8. 5.	• 황찬규 목사가 명예 회장 직분으로 한국에서 병원선교 사역을 위해 신상철 회장과 방규오 총무와 같이 본격적으로 선교활동 재개
2006. 10. 10-14.	• 세계병원선교회 지도자 세미나와 세계병원선교회 70주년 기념대회 및 극동아시아 대회를 가짐(대회장 신상철 회장, 준

　　　　　　비위원장 황찬규 목사)

- IHCF 이사회원들과 지역 대표자들로부터 황찬규 목사가 극동아시아책임자로 임명받고 안수받음

2016. 8. ・세계병원선교회 회장(Dr. Chris Steyn) 한국 및 몽골지부와 일본지부 방문

병원선교회 역대 회장

- 1967년 5월 27일 창립
- 초대 회장 황찬규 목사 (1967년-1968년)
- 2대 회장 오상백 박사 (1968년)
- 3대 회장 황찬규 목사 (1972년~)
- 4대 회장 김용순 목사 (1991년)
- 5대 회장 김명호 박사 (1992년-1993년)
- 6대 회장 신상철 박사 (1993년-현재)

현재 병원선교회 조직

병원선교회 조직은 이사회와 실행위원회가 있다.

- 이사장: 신상철 회장
- 상임이사: 황찬규 목사
- 이사: 김다니엘, 방규오, 강태진, 이인국, 한은수, 백기태, 이석영, 강금이
- 실행위원: 신상철, 황찬규, 방규오, 김다니엘, 김화자, 정재순, 신은자
- 선교회 간사: 이희춘(팀장), 방부임, 이순재, 이정옥, 백문화, 방대임, 전용애, 곽정주

제6장
한국병원선교회가 배출한 사명자들

1. 방규오 장로(한국병원선교회 총무)
2. 김근철 목사(한국병원선교회 독일지부장)
3. 김종양 선교사(한국병원선교회 독일지부에서 파송)
4. 닥터 Masahiko Kibayashi(한국병원선교회 일본지부장)
5. 닥터 Narantsetseg(한국병원선교회 몽골지부장)
6. 김희진·김형원 선교사(한국병원선교회 회원)
7. 수많은 전도 및 선교 동역자들

1

방규오 장로

한국병원선교회 총무

    하나님께서 연약한 나를 아시고 곳곳마다 아론과 훌(출 17:8-16) 같은 동역자들을 세워 놓으셨다. 지금까지 내가 일할 수 있었던 것은 동역자들의 헌신이 있었기 때문이었다. 하나님과 동역자들에게 감사를 드린다.

    그동안 세월이 많이 흘러갔다. 그러나 나의 사랑하는 동역자인 방규오 장로님 부부는 옛날이나 지금이나 브리스길라와 아굴라처럼 나의 신실한 동역자로 사역을 감당하고 있다. 불신자였던 그는 하나님을 믿고 그 가정과 친족들을 주님께로 인도하였다. 그리고 교회를 섬기며 끝까지 주의 나라와 복음을 위해 40여 년 동안 한 마음으로 동역하고 있다.

    하나님이 그에게 병원선교회관과 주의 종 사택을 준비하고자 하는 뜨거운 열심과 사명감을 주시어 기도하게 하시더니 아무도 호응하지 않고 냉대함에도 불구하고 2015년 8월 17일 선교회관 건립 헌당예배를 드리게 되었다. 물론 처음 시작은 혼자였지만 마무리 단계에 이르러서는 이사들과 회원들의 정성 어린 헌금으로 열매를 맺게 되었다. 그리고 아내와 나는 방 장로님이 마련해 주신 사택으로 입주하게 되었다. 내가 그 사랑에 보답할 길은 오직 죽음이 세상과 작별하게 할 때까지 복음을 전하는 것밖에 없다고 생각한다.

방규오 총무님과 김화자 권사님은 나의 일생의 동역자로 지금도 열심히 사역하고 있다. 나를 도와 축령복음병원, 남양주병원과 암센터, 그리고 선교회 모든 행정과 재정 관리를 하시며 불철주야 복음사역을 위해 헌신하는 동역자이다. 다음은 방규오 총무님의 신앙 간증이다.

"너는 두려워 말라 내가 너를 구속하였고 내가 너를 지명하여 불렀나니 너는 내 것이라"(사 43:1)

1974년 8월 어느 날 아침부터 우리 가족은 병원에 입원할 준비를 하느라고 분주했습니다. 아내의 배에 혹이 생겨 수술을 받게 되었기 때문이었습니다. 평소에도 몸이 약한 아내는 이번 큰 수술을 잘 견뎌 낼지 염려가 되는 상황이어서 나도 가족들도 정신이 없는 상태였습니다.

그런데 그 정신없는 와중에도 가까이 사는 사촌동생 내외가 집으로 올라와서 말하기를 "형님, 이번에 가시는 병원 길이 마지막일지도 모르니까 가시기 전에 예수님 믿고 기도 받아야 돼요. 그냥 보내시면 안 됩니다" 하는 것이었습니다. 동생이 지난 밤 꿈에 하나님의 음성을 들었노라 하면서 간곡하게 권하는 말은 당시 무신론자였던 내게는 화만 돋우는 말이었습니다.

"말도 안 되는 소리 집어치워! 도대체 하나님이 누구이기에 믿으면 살려 주고 안 믿으면 죽인단 말인가! 그런 하나님이라면 나는 믿지 않겠네!"

국립의료원에 입원한 아내의 수술은 한나절이나 걸리는 대수술이었고, 대기실에서 기다리는 나는 조급함과 불안한 마음 가운데 줄담배만 태우고 있을 수밖에 없었습니다. 사촌동생이 했던 말이 계속해서 불안감을 가중시켰고, 혹시 나의 잘못된 판단으로 하나님이 정말로 내 아내를 죽이지 않을까 염려되는 마음으로 가득했습니다.

시간이 흘러 아내의 수술이 무사히 끝나고, 병상에 눕혀진 채 회복실로 돌아온 아내를 눈물로 맞았습니다. 나 때문에 고생하면서 살아왔던 아내가 내가 시킨 고생 때문에 병을 얻어 이런 수술까지 받게 되었구나 하는 자책감과 무사히 수술이 끝났다는 안도감 때문이었습니다. 수술을 무사히 받고 병을 회복한 아내를 두고 기뻐만 했던 나의 마음에 오만한 마음이 생기기 시작했습니다.

'그럼 그렇지. 하나님이 어디 있단 말인가! 사람이 착하게 살면 되지 꼭 하나님을 믿으라는 법이라도 있나?'

이런 나의 오만 때문이었는지 아내의 질병으로 인하여 고통을 받던 우리 가정에 그해 12월에 또 다른 병마가 찾아오고 말았습니다. 나 자신이 각혈을 하기 시작한 것이었습니다. 병명은 페디스토마였고 나 또한 큰 수술을 받아야만 했습니다. 이때 나는 아주 중요하고 큰 경험을 하였습니다.

마취를 받고 의식을 잃고 나서 얼마나 시간이 지났는지 문득 정신을 차려 보니 나는 이미 수술을 마치고 회복실에 들어와 있었습니다. 그런데 한쪽을 보니까 의사와 간호사가 다른 환자를 진찰하고 있었고, 아내와 어머님이 그 옆에서 침통한 표정으로 그 환자를 지켜보고 있는 것이 아니겠습니까?

'아니, 왜 어머니와 아내가 다른 환자를 보고 있지?'

나는 이상한 생각이 들어 가까이 가 보았습니다.

'오, 하나님!'

나는 소스라치게 놀랐습니다. 죽어 가고 있는 그 환자는 바로 나 자신이 아니겠습니까!

'아니, 그렇다면 이렇게 내려다보고 있는 나는 그럼 누구란 말인가?'
나는 정신을 차릴 수가 없었습니다.

"한 번 죽는 것은 사람에게 정하신 것이요, 그 후에는 심판이 있으리니"(히 9:27)

그때까지 나는 예수 믿는 많은 사람들과 대화를 해 보았고 그들이 영적인 구원과 천당과 지옥에 관한 이야기를 할 때마다 코웃음 치기 일쑤였습니다.
'그런 말은 전도하기 위해 하는 말일 뿐이야. 그런, 말도 안 되는 소리가 어디 있나? 사람이 죽으면 그만이지 무슨 영혼이 있다고 천당과 지옥을 논하는가?'
늘 이렇게 빈정거리곤 했었기 때문에 이런 상황이 더욱 당황스러울 뿐이었습니다. 나는 어떻게든 해 보려고 아내에게 말을 걸어 보았고 다른 사람들에게도 그렇게 해 보았지만 아내와 사람들은 들은 척도 하지 않았을 뿐 아니라 아예 나를 볼 수조차도 없는 것 같았습니다. 너무나도 두려워진 나는 이제 내 인생은 전부 다 끝났다는 생각에 크게 낙심하며 지켜보고 있을 뿐이었습니다.
의사는 이상한 의료장비를 가져와 누워 있는 내 몸에 가져다 댔고 그 순간 강한 충격이 느껴졌습니다. 그러나 상황은 달라지지 않았고 똑같은 일을 다시 한 번 반복한 의사가 하는 말이 똑똑히 들려왔습니다.
"환자가 깨어나지 못하니 시체실로 옮길 준비를 하세요. … 마지막으로 한 번만 더 해 보십시다."
그리고 세 번째 마지막으로 내 몸에 전기충격을 주었고 그때 나는 정신을 잃고 말았습니다. 깨어났을 때 눈을 떠 보니 방 안의 풍경은 조금 전과 똑같았으나 다른 점은 좀 전에는 내가 내려다보는 입장이었는데 이제는 올려다보는 입장으로 바뀌었다는 점이었습니다. 나는 살아난 것입니다.

하나님께서는 영혼의 존재를 부인하던 나에게 확실하게 보여 주시기 위해 세 번이나 큰 충격을 주심으로써 영혼이 존재한다는 사실을 알게 하신 것입니다. 평상시 어지간한 아픔은 내색도 하지 않았던 나였지만 회복실에서의 큰 고통은 견디기가 어려울 정도였습니다.

'하나님! 나를 불쌍히 여겨 주십시오. 나를 이 고통 중에서 건져 주십시오. 이제 후로는 하나님을 믿고 신앙 안에서 주님이 시키시는 대로 하면서 살겠습니다.'

"주여 사람이 사는 것이 이에 있고 내 심령의 생명도 온전히 거기에 있사오니 원하건대 나를 치료하시며 나를 살려 주옵소서 보옵소서 내게 큰 고통을 더하신 것은 내게 평안을 주려 하심이라 주께서 내 영혼을 사랑하사 멸망의 구덩이에서 건지셨고 내 모든 죄를 주의 등 뒤에 던지셨나이다"
(사 38:16-17)

시간이 흘러 영적으로 구원을 받아 마음이 평안한 가운데 병실로 옮겨진 나는 그곳에서 원목으로 수고하고 계시던 황찬규 목사님을 만나게 되었습니다. 이 모든 일을 들으신 황 목사님은 "할렐루야! 죽었던 한 생명이 성령의 불로 인치심을 받으셨군요" 하고 기뻐하시면서 힘찬 기도를 해 주셨습니다. 같이 기도하던 나의 눈에서는 계속하여 눈물이 흘렀고 내가 살아온 죄 많은 삶을 회개하기에 이르렀습니다.

병원에 입원해 있는 동안은 나에게는 새로운 삶의 시작이었고 그곳에서 황찬규 목사님과 간호사로 근무하던 고윤숙 자매의 도움과 기도로 나의 신앙은 점점 성장해 갈 수 있었습니다. 나는 지금도 가끔 생각해 봅니다.

'하나님은 왜 나를 살려 주셨을까? 잘나고 유능해서일까? 남보다 뛰어난 무

엇인가가 있어서일까?'

하지만 아무리 생각해 봐도 그런 것은 전혀 없었습니다. 부족하고 오만하고 배운 것도 없어 지식도 없는 큰 죄인이었던 나였기에 그저 하나님의 크신 사랑을 느낄 뿐입니다. 나를 살려 주신 하나님의 목적은 아마도 "누가 (질병으로) 강도 만난 자의 이웃이 되겠느냐?" 하시는 말씀에서 찾을 수 있을 것입니다. 내가 겪은 병상에서의 고통과 체험으로 인하여 나와 같이 아픔 중에 신음하는 모든 환자들에게 그들의 아픔을 같이하며 그들에게 복음을 전하고 구원시키라는 명령인 것입니다.

나에게 이런 명령을 깨닫게 하시고 한국병원선교회에서 훈련받고 현장에서 활동할 수 있게 해 주신 하나님께 감사드리며, 이 생명 다하는 날까지 맡겨 주신 사역을 위하여 헌신을 다짐합니다.

2

김근철 목사
한국병원선교회 독일지부장

    1973년 서독을 방문하고 한국병원선교회 서독지부를 창설했다. 병원선교회에서 많은 간호사 사역자들이 독일로 취업을 가서 그곳에서 생활하고 있어 그들은 1년에 3개월에 한 번씩 가는 나의 심방을 기다리고 있었다. 간호사 사역자들이 근무하는 병원이 거리가 멀고 가까움을 고사하고 심방을 갔다.

    밤에는 기차를 타고 가면서 기차가 나의 침실이 되어 주었고 도착하면 그곳 사역자들과 모임을 갖고 예배를 드렸다. 그들은 너무나 외롭고 낯선 땅이라 같은 한국인이면 무조건 반겨 주고 하나님의 말씀을 받았다. 나는 독일에 한번 가면 전 회원을 모두 심방하고 와야 하기 때문에 어느 한 곳에서 머물러 잠을 잘 수가 없었다.

    서독지부는 1대 지부장으로 박상기 간호과장님이 수고하셨고, 그 뒤를 이어 김옥자 선교사님이 2대 지부장으로 수고하셨다. 이분은 어찌나 사랑이 많으신 분이신지 모든 사역자들의 큰언니로서 때로는 엄마처럼 사역자들을 잘 돌보셨다. 김옥자 선교사님은 3년간 서독지부에서 수고하시고 간호사 직분을 감당하시다가 한국으로 귀국하게 되었다.

한국으로 귀국하면서 독일 교포 중에서 가장 모범적이고 헌신적인 부부를 소개했는데 그분들이 바로 김근철 목사님과 강신자 사모님이셨다. 그때 당시 집사님이셨지만 독일지역 한인회장으로 있으면서 간호사들의 어려운 일들을 자기 자신의 일처럼 잘 돌보아 주셨기에 많은 사역자들이 따랐다.

우리들이 함께 모여서 기도하고 김근철 집사님 부부에게 지부장 직분을 맡아서 독일에 계시는 사역자들의 지도자가 되어 달라고 부탁드렸다. 처음에는 사양했지만 순종하셨다. 그 후로 신학을 공부하시고 목사 안수를 받으시고 오늘까지 헌신적으로 충성하시고 계신다. 매년 나는 독일을 방문했고 그때마다 동역해 주시고 자동차로 먼 거리까지 주저 없이 운전을 해 주셨다. 독일 사역에서 잊을 수 없는 두 분이시다.

그때 독일 사역자들은 주님을 향한 사랑이 열정적이었다. 특히 총무로 수고하셨던 독일지부 박금순 총무님과 하노바교회 권사이신 박춘옥 권사님, 남편인 유재형 장로님, 조항만 장로님과 박영숙 권사님, 일일이 기록할 수 없지만 모두 초대교회 성도들처럼 뜨거운 열정으로 주님을 따르는 귀한 사역자들이다.

이들이 없이는 독일지부가 이루어질 수 없었을 것이다. 하나님께서 저들을 사용하시어 독일에 한인 교회가 세워졌고 그중에 지금까지 하노바교회는 지역사회에 한인들의 안식처로 이어져 가고 있다. 하나님께 영광을 돌린다. 이때 독일지부에서는 13곳의 한인 교회를 개척하여 하나님을 잘 섬기고 영광을 돌려 드렸다.

3

김종양 선교사
한국병원선교회 독일지부에서 파송

독일지부를 통해 예수님을 영접하고 자신을 헌신하기로 작정했던 김종양 선교사님은 예수님을 몰랐던 사람이었다. 1976년 10월에 한국병원선교회 서독지부 수양회 인도를 위해 오스트리아 잘츠부르크 수양관에서 집회를 했는데 이 청년이 뒷자리에 앉아서 회원들의 부르짖는 기도 소리와 필자가 전하는 하나님의 말씀을 듣고는 성령을 받았다. 그는 예수님을 영접하고 그의 삶을 주님께 드리기로 작정했다. 그때 80여 명의 사역자들이 모여 말씀도 나누고 간증도 하며 2박 3일 동안 집회에서 은혜를 받았는데, 김종양 청년은 즉각적으로 주님께 헌신을 약속하였고, 그 후 신학을 공부하고 목사 안수를 받았다.

그리고 독일지부장 김근철 목사님과 회원들의 후원을 받아 아프리카로 떠났다. 그의 아내 박상원 사모님과 함께 지금은 아프리카대륙선교회를 통하여 스와질란드, 말라위, 콩고 등 각 지역에 교회를 세우고 원주민 사역자들을 배출했다. 또한 중·고등학교와 대학교 등을 세워 전인교육이라는 커다란 목표를 가지고 말씀과 믿음으로 성경 시간과 기도 시간을 넣어 교육하고 있다.

이 기관들은 스와질란드에서 가장 모범적인 교육기관이 되어 하나님께 영광을 돌리고 많은 원주민 목회자를 양성하고 있다. 사역자들의 사랑과 믿음의 실천이 이렇게 큰 일을 이루었다. 하나님의 하시는 일을 인간으로서는 상상할 수조차 없다.

마리아에게서 예수 그리스도가 탄생하시어 전 인류를 죄에서 구원하여 생명의 길로 인도하셨던 이 놀라운 사실은 오직 하나님만이 하실 수 있는 일이다. 또한 김종양이라는 한 청년이 복음의 기쁜 소식을 받아들여 이렇게 위대한 사역을 하게 하신 하나님께 감사와 영광을 드린다.

김종양 선교사는 독일에서 김근철 지부장님의 도움으로 신앙생활을 하던 중 1980년에 아프리카 선교의 소명을 받고 신학교에 입학하였다. 독일 주재 한국병원선교회 지부의 지원을 받고 말라위 선교사로 내정되었고 1985년 8월 웨일즈 바이블칼리지(Bible College of Wales)를 졸업하고, 그해 11월에 선교지 말라위에 부임하였다.

1987년 9월 26일 워싱턴 한우리교회에서 목사 안수를 받은 후 1988년 7월 27일 기독교대한하나님의성회 세계선교회 박정근 총재로부터 선교사 임명장을 받았다. 그 후 스와질란드에 거주하면서 말라위, 모잠비크, 남아프리카공화국, 콩고, 잠비아 등지에서 초교파적으로 원주민 선교를 펼치고 있다.

아프리카대륙선교회(Africa Continent Mission)

김종양 선교사는 아프리카에서 100년 이상 선교하는 영국의 큰 선교단체 소속 선교사로 봉사하기 위하여 1983년 선교사 등록 신청을 냈다가 면접시험에서 영어가 부족하고, 선교비 확보가 모자라며, 방언을 한다는 이유로 2곳의 선교회에서 선교사 부적격자 판정을 받았다.

세 번째 선교단체의 면접시험에 겨우 합격하였으나 마음이 편하지 않아 독일의 베를린에 가서 금식 기도하던 중 하나님께서 아프리카선교회를 조직하고 개척 선교사로 가라는 강한 마음을 주셨다. 아프리카선교회에서는 너처럼 선교비가 적고 언어가 부족하지만 성령이 충만한 선교사 지망생을 도와 아프리카 선교사로 들어갈 수 있도록 하고, 이들과 함께 선교하라는 마음도 주셨다.

그리하여 1985년 신학교 선배인 80세 할머니 선교사의 소개로 알게 된 원주민 목사의 주소를 받아가지고 중앙아프리카 말라위에 개척 선교사로 가게 되었다. 하지만 빈민촌에 있는 원주민 가정에서 함께 신앙생활을 하는 동안 질병과 멸시와 배고픔으로 인한 사망의 음침한 골짜기를 통과해야 하는 어려움들을 겪었다. 그러나 2년 동안의 어려운 환경을 통하여 김종양 선교사는 많은 회개를 하게 되었고, 영적, 신앙적으로 새롭게 변화되는 체험을 얻었다고 한다.

그는 말라위에서의 연단이 없었다면 원주민 선교를 포기했을 것이라고 고백한다. 영국의 두 선교단체로부터 선교사 부적격자로 판정받은 것도, 질병과 배고픔의 음침한 골짜기로 지나간 것도 나중에 생각해 보니 하나님의 은혜요 우리를 향하신 하나님의 계획이심을 깨닫고 감사하는 마음으로 충만해졌다.

현재 아프리카대륙선교회는 말라위, 남아프리카공화국, 스와질란드, 잠비아(이상 영어권), 콩고(불어권), 모잠비크(포르투갈어권) 정부에 등록된 단체로 150여 명의 원주민 목사님들과 한국, 영국, 남아공, 네덜란드에서 파송되어 온 12가정의 선교사들이 동역하는 국제적인 선교단체로 성장하였다. 이미 10여 명의 서방 선교사들이 함께 선교하다가 임기를 마치고 돌아갔다. 스와질란드, 말라위, 모잠비크, 남아공에 선교센터가 세워졌다. 나라마다 선교집행위원회가 조직되었고 선교사의 지도와 지원을 받고 독립적인 선교 활동을 펼치고 있다.

교회 개척 사역의 놀라운 결과

김종양 선교사는 초창기에 말라위 브란타이에 개척 교회를 섬기면서 주로 구역을 조직하고 성경공부를 통하여 복음을 확대해 나갔다. 교회 개척은 도시 중심이 아니라 벽지에 주력하는 데다가 버스와 트럭, 때로는 걸어가서 교회를 개척해야 하기 때문에 생각보다 개척의 속도가 빠르지 못하였다.

1988년 전쟁 중인 모잠비크에서 사역을 시작했는데 국가를 기독교화시켜 달라는 정부의 위촉을 받았다. 그리하여 70여 명의 시오니스트(Zionist) 지도자들을 위한 성경공부를 시작하였다. 이들의 종교 활동은 정부의 문제였는데, 이들은 공산치하에서부터 김일성 교시록을 포르투갈어로 번역하여 배우고 있었다. 그뿐 아니라 시오니스트들은 대부분 구약만을 믿고 있었으며, 예수님은 선지자의 한 사람으로만 믿고 있는 이단 종파였다.

3년 동안 성경공부를 시행했는데 신약을 배우는 동안 자기들의 교리와 맞지 않는다고 대부분이 떠나고 8명의 지도자들만 남아서 변화되는 모습들을 지켜볼 수 있었다. 하지만 이들은 다시 자기들이 섬기던 시오니스트 교도들에게 파송되어 복음을 전했는데 하나님께서 이들을 사용하셔서 모잠비크에 98개 교회를 세울 수 있었다. 이에 힘을 더 얻어 스와질란드에 선교 사역을 확장하려고 하였으나 스와질란드는 전체 인구의 60퍼센트 이상이 시오니스트들이라 성경공부에 관심이 없고 자신들을 크리스천이라고 믿고 있어서 쉽지가 않았다.

그리하여 김종양 선교사는 시오니스트로 오랫동안 살아온 사람들보다는 주일학교, 유치원을 비롯하여 청년들에게 복음을 심는 데 주력하였다. 1996년에 스와질란드 수도인 음바바네(Mbabane)에서 한 청년의 집을 빌려 성경공부를 시작했는데 이 교회가 성장하여 땅을 빌려서 판자로 50여 명을 수용할 수 있는 임시 교회를 건축했다. 판자로 지은 교회에서 약 1년쯤 은혜롭게 예배를 드리고 있었는데 어려운 일이 일어났다.

갑자기 지역의 대표 중 한 사람이 선교 사역을 훼방하기 위하여 김종양 선교사가 성찬식에서 어린이들을 죽여서 그 피를 성도들로 하여금 마시게 한다고 소문을 퍼뜨리더니 신문, 라디오, TV에 보도되게 함으로써 교회가 해산될 위기를 맞았다. 이로써 몇 년 동안 스와질란드 교회 개척의 문이 닫혔었다.

하지만 신실하신 하나님의 도우심으로 교회 파괴 음모가 밝혀졌고, 그 후 교회는 더 성장하여 1999년에 천여 명을 수용할 수 있는 현대식 교회를 건축하여 교회 지도자들과 2명의 장관과 왕자, 공주들을 초청하여 입당예배를 드렸다.

아프리카대륙선교회는 500교회 개척을 목표로 기도한 결과 선교사들과 원주민 동역자들이 말라위에 168교회, 모잠비크에 98교회, 콩고(자이레)에 28교회, 스와질란드에 6교회, 잠비아에 4교회, 남아공에 1교회 등 305교회를 15년 동안 개척하여 3만여 명의 원주민 성도들을 섬기고 있다. 지금은 500교회 설립 기도가 응답되어서 하나님의 은혜 가운데 모든 것이 다 이루어졌다.

4

닥터 Masahiko Kibayashi(木林 正弘)

한국병원선교회 일본지부장

일본에 지부를 설립하고 병원선교에 앞장서는 동역자가 계신다. 그분 자신의 고백을 소개한다.

제 이름은 기바야시 마사히코라고 합니다. 일본 삿포로라는 곳에서 소아과 의원을 운영하고 있습니다. 소아과 의사로서 23년 동안 일하고 있습니다만 언제나 하나님의 은혜로 지내 왔습니다. 제가 예수님을 믿게 된 것이 19살 때였으니까 벌써 30년 전의 일이 되겠습니다. 제 친척과 가족 중에는 예수 믿는 사람이 없었기 때문에 친구를 통해 교회에 처음으로 가게 되었고 그 후로 그리스도인이 되었습니다.

교회에 처음 나간 후 3개월쯤 되던 어느 날 밤에 성경을 읽고 있는데 '주님이 가르치신 기도'를 읽고 나서 나도 기도를 드리고 싶은 마음이 일어나 무릎을 꿇고 '하늘에 계신 아버지'라고 불러 보았습니다. 그랬더니 그때 마음속에 빛이 일어나는 것을 느꼈고 참을 수 없는 기쁨과 찬미가 넘쳤습니다. 아버지 되시는 하나님의 사랑에 젖어 흐르는 눈물을 금할 수가 없었습니다.

그 후 나는 예수님을 가장 좋아하게 되었고, 예수님 중심의 삶을 살려고 애를 쓰게 되었습니다. 그러다가 결혼을 하였고 소아과 의사가 되었으며 6명의 아이들을 맡겨 주신 지금도 신앙생활을 하고 있습니다. 9년 전 삿포로에서 소아과 의원을 시작한 후 하나님께서 은혜로 8명의 직원을 보내 주셔서 매일 아침예배를 드린 후 진료를 시작합니다. 그리고 병원을 찾아오는 환자 어린이들과 그 어머니들도 교회에 인도할 수 있게 되었습니다.

그러다가 3년 전 가을에 한국에서 세계병원선교회(HCFI) 컨퍼런스가 있다는 소식을 들었습니다. 우리는 직원 3명과 함께 대회에 참석했고, 거기에서 황찬규 목사님을 만나 뵙게 되었습니다. 처음에는 같이 간 간호사 한 사람으로부터 친절한 아버지 같은 분이 계신다는 소식을 듣고 여러 가지 부탁을 드렸었는데 나중에 알고 보니 황찬규 목사님이셨고, 이번 HCFI 대회 책임자이심을 알고 놀랐습니다.

황 목사님은 저를 대환영해 주셨고 일본병원선교를 위해서도 수고해 줄 것을 권면해 주셨습니다. 그리고 2년 후에 제가 있는 삿포로에 오셔서 주 안에서 다시 뵙게 되었고 큰 감동과 격려를 받았습니다. 그 후로 저는 일본에서 어떻게 병원선교를 할 수 있을까에 대해서 진정한 마음으로 기도드리기 시작했습니다.

일본은 기독교 신자의 수가 대단히 적어 전 인구의 1퍼센트 이하입니다. 그중에서도 열심히 복음을 전하고 있는 그리스도인은 그렇게 많지 않다고 생각합니다. 의료계에 종사하고 있는 그리스도인의 모임도 적은 규모의 모임은 더러 있어도 복음을 전하려고 하는 모임이기보다는 친목을 목적으로 하는 모임들이어서 일본 병원에서는 거의 복음을 전할 수 없습니다. 더구나 일본 사람의 대부분은 병원에서 죽음을 맞이하지만 구원의 주님을 알 수 있는 기회는 없다고 보는 것이 정확할 것입니다.

　작년 7월에 저의 아버님께서 74세에 갑자기 돌아가셨습니다. 전날까지도 건강하셨는데 아직 예수님을 믿지 않는 상태이셨기 때문에 나는 아버님께서 돌아가시기 전날까지도 복음을 전했습니다. 신앙고백까지는 하지 못하셨어도 전에는 심하게 반대하시던 아버님이 이날은 제가 진솔하게 전하는 복음의 말씀을 잘 들으셨습니다. 이 일을 계기로 저는 인간의 죽음을 좀 더 심각하게 생각할 수 있게 되었습니다.

　작년 8월에는 예수님을 믿고 있는 저의 친구가 위암 말기라는 사실을 알게 되어 병원에 입원시켰습니다. 그는 일본병원선교를 위하여 함께 기도해 주던 친구였습니다. 우리는 친구의 쾌유를 빌며 병원에 입원해 있는 환자들에게 복음을 전할 수 있는 기회를 달라고 열심히 기도하고 있었습니다. 저는 암 환자들이 얼마나 어려운 마음으로 죽음을 맞이하고 있는가를 알게 되었습니다.

　제 친구는 '가령 암으로 죽는다 해도 천국에 갈 수 있어서 정말로 평안한 마음이야'라고 말했습니다. 그러나 주변에 있는 환자들은 절망의 나날을 보내고 있습니다. 제 친구는 짧은 기간 동안이나마 힘을 다해 암 환자들에게 예수님을 영접할 수 있도록 복음을 전했습니다. 그리고 금년 4월에 친구는 천국으로 갔습니다. 그의 기도는 살아서 복음을 더욱 열심히 전하고 싶은 마음이었습니다만, 그 마음은 지금 저희들에게 넘겨준 사명이 되었습니다.

　오늘 저는 황 목사님을 통하여 복음의 꽃이 활짝 피어난 한국에 올 수 있게 되었습니다. 목적은 병원선교를 좀 더 배우고 기도로 불붙고 있는 여러분들에게 일본을 구원하는 일과 특히 병원에서 절망 속에 죽어 가는 많은 사람들을 구원하는 일을 위해 기도해 주시기를 부탁드리려고 왔습니다. 저는 일본으로 돌아가서 시간을 내어 복음을 듣고 병원을 찾아가 환자들이 예수님을 영접할 수 있도록 전도하려고 합니다.

일본인 대부분은 쇄국시대부터 마음의 문을 닫고 복음을 호의적으로 받지 못하고 있습니다. 그래서 일본에서 선교를 하는 일은 대단히 어려운 일입니다. 그러나 우리 하나님께서는 능치 못하심이 없는 줄 믿습니다. 그래서 우리는 소망을 가지고 열매 맺기 위해 기도하고 있으므로 이를 위해 기도에 동참해 주실 것을 간절히 부탁드립니다. 감사합니다.

필자의 삿포로 심방과 보고

지난 3월 20일 다니엘 김과 함께 일본 북해도의 삿포로에 도착했다. 한국에서 비행기로 약 2시간 30분 걸리는 삿포로는 일본의 유명한 목사님인 우찌무라 겐조의 도시이고 1972년에는 동계올림픽이 열려 유명한 도시이기도 하다. 아직 흰 눈발이 날리고 있는 삿포로 공항에 키바야시 닥터 병원 원무과 직원인 요시히 다카하시 씨가 우리를 마중 나와 주셨다. 도착한 날 저녁에 키바야시 박사의 소아과 의원으로 향했는데 마침 이날은 매월 한 번씩 가지는 병원전도 모임의 날이었다.

키바야시 박사의 병원 식당에서 약 30여 명의 손님들이 참석한 이날은 키바야시 박사 병원의 직원들은 물론 주변의 기독교인들과 비기독교인들을 초청하여 모임을 하는 날이었다. 모두 39명의 손님들이 오셨고 간단한 다과와 차가 준비되어 있었다. 일본의 기독교인들은 특별히 한국 기독교인들을 사모하여 한국어 찬송을 준비해 주기도 했다.

이 자리에서 나는 다시 나의 치유 간증과 함께 하나님의 말씀을 전하며 모두 은혜로운 시간을 가졌다. 또한 나의 간증 중에 1969년 세계 병원선교회 로마 컨퍼런스에서 간증했던 '어린 나귀' 이야기를 들려주니 키바야시 박사의 병원 이름이 바로 '어린 나귀', 곧 일본어로 '쯔이로바'라면서 모두들 놀라워했다. 이분도 나의 간증처럼 '어린 나귀'로 예수님의 쓰임 받기를 원하는 소명을 가진 분이었다.

나와 함께하면서 일본어 통역을 도와주신 김안신 목사님은 일본에서 C.C.C 사역을 20년간 하신 분으로, 전에 삿포로에서 키바야시 박사와 같은 교회에 다녔던 관계로 키바야시 박사를 지난 서울 컨퍼런스에 초청한 분이다. 키바야시 박사와 일본 참석자 팀은 지난 서울 컨퍼런스에서 나와 함께 따로 시간을 내어 예배를 드리며 내가 불치의 병에서 치유받은 간증과 한국병원선교회를 설립한 간증을 듣고는 뜨거운 눈물을 흘렸었다. 이분이 일본에 돌아가서도 이를 잊지 못하고 계속 나를 초청하기를 원하다가 이번에 내가 시간을 내어 방문하게 된 것이었다.

우리는 키바야시 박사 댁에서 머물면서 이틀째 저녁에 주변의 가정들과 가정예배를 드리며 나의 간증을 다시 드렸고, 이 자리에서 모두들 눈물을 흘리며 은혜의 시간을 가졌다. 삿포로 시내에서 직원 5명인 소아과 의원을 운영하고 있는 올해 52세의 키바야시 박사는 앞으로 일본병원선교회의 큰 기둥이 될 것을 기대하고 있으며, 내가 이분을 열심히 훈련하여 일본의 병원선교회 발전에 함께할 수 있도록 기도하고 있다.

2박 3일간의 일정을 마치고 떠나는 날 아침에 키바야시 박사의 자녀들과 가정예배를 드리고 특별히 이 두 분을 위해 안수 기도할 때에 두 분이 뜨거운 눈물을 흘렸다. 공항으로 가는 길에 키바야시의 병원에 다시 방문하여 직원예배를 인도했는데, 이 병원에서는 매일 아침 8시 30분에 근무를 시작하기 전에 30분간 직원예배를 드리고 나서 근무를 시작한다고 한다. 직원들 모두 신실한 마음으로 예배를 드리고 있었다.

키바야시 박사의 겸손함으로 인하여 병원에는 항상 환자들이 많이 오는데, 수많은 환자들이 2-3시간을 기다려 진료를 받을 정도로 신뢰를 받고 있다고 한다. 믿는 분이든 믿지 않는 분이든 한번 이 병원에 다녀간 사람들은 꼭 다시 찾아올 정도라고 했다.

　키바야시 박사는 세계병원선교회 70주년 컨퍼런스에 하나님께서 주신 귀한 열매라고 믿고 있으며, 앞으로 이분과 자주 교통하여 일본병원선교회의 발전과 수많은 일본 영혼들을 구원하는 일에 크게 쓰임 받을 수 있도록 힘쓸 것이다.

5

닥터 Narantsetseg

한국병원선교회 몽골지부장

몽골은 지금부터 10여년 전 Dr. Nara를 만나 2007년에 몽골병원선교회를 개척해 지금은 회원이 100명이나 되는데, Dr. Nara는 종합병원을 세워 10과를 두고 병원 운영과 선교 활동에 열심을 내고 계신다. 이번 2017년 5월 11-13일 수양회와 한국병원선교회 50주년 기념행사에 10명의 회원들이 참석한다고 연락이 왔다.

몽골병원선교회는 9월에 창립 10주년 기념 감사예배를 드린다고 한다. 몽골병원선교회가 이렇게 성장하고 복음이 전파된 것은 우리 선교회 사역자들과 특히 한은수 이사님의 기도와 사랑, 그리고 재정적인 후원이 있었기 때문에 가능해진 일이다. 하나님은 곳곳마다 하나님의 뜻을 이루시기 위해 동역자들을 세워 두셨다.

다음은 몽골병원선교회 닥터 Nara의 간증이다.

저는 황찬규 목사님과 2005년도에 처음 한국에서 만나 뵙게 되었습니다. 그 당시 저는 총신대학교 신학대학원에 재학 중이었으며, 황 목사님께서는 가슴 깊은 곳에 몽골병원선교회를 세우고자 하시는 사명을 가지고 몽골인 크리스천 의사를 찾고 계셨습니다. 그러던 중 제가 아는 새문안교회의 한 전도사님께서 목사님께 저를 소개해 주시어 하나님의 감사한 섭리로 지금까지 함께 몽골병원선교회를 이끌어 가고 있습니다.

2006년도에 황 목사님을 모시고 처음으로 함께 몽골을 방문했습니다. 저희는 몽골의 가장 크다 하는 국립병원들을 방문하여 크리스천 의사 분들과 만남을 가졌고, 몽골에 있는 교회들을 탐방하였습니다. 목사님께서는 만나는 모든 분들에게 세계병원선교회와 한국병원선교회를 소개하셨고, 앞으로 몽골병원선교회가 세워지기를 소망하는 마음을 말씀해 주셨습니다. 그 후로 2007년도에 처음 몽골병원선교회를 설립하게 되었습니다.

그 당시 5명으로 시작되었던 몽골병원선교회는 지금도 꾸준히 발전 중에 있습니다. 2006년 이후로 황 목사님께서 1년에 한 번씩, 어떤 때는 1년에 두 번씩 한국 장로님과 지인들과 함께 몽골을 꾸준히 방문해 주시고, 모든 어려운 상황 속에서도 저희를 이끌어 주시고, 설교와 기도로 꾸준히 저희를 가르쳐 주시고, 뜨거운 열정과 사명감으로 끊임없이 몽골병원선교회를 지원해 주고 계십니다.

2006년도에 한국에서 열린 아시아 컨퍼런스 참여를 시작으로 그 후 2011년도 필리핀 컨퍼런스에는 몽골에서 4명의 임원들이 참석하였고, 2014년도에 열린 싱가포르 컨퍼런스에는 총 5명이 참석하였습니다. 또한 2014년도에 몽골병원선교회 임원 중 1명의 의사 분과 저와 함께 남아프리카 세계병원선교회 본부에서 1달 동안의 리더십 교육을 받았고, 2016년도에는 한국병원선교회 컨퍼런스에 총 8명, 2016년도 인도네시아 발리 컨퍼런스에 2명이 참석하였습니다.

2007년 몽골병원선교회 설립 이후, 2008년도에 저는 가족들과 함께 몽골로 아주 오게 되었고, 국립병원에서 2년 동안 일을 하고, 그 후 조그만 개인병원을 설립하여 일하게 되었습니다. 병원을 더욱 크게 확장하여 몽골 크리스천종합병원을 세우고, 그 안에 몽골병원선교회 사무실을 설립하고자 하는 마음으로 꾸준히 사명감을 가지고 노력하고 기도하여 2015년도 10월에 놀라우신 하나님의 은혜와 황 목사님의 꾸준한 사랑과 지원으로 그 꿈을 이루게 되었습니다.

현재 저희 병원은 총 10개의 진료과로 이루어져 있으며, 병원 내에 몽골병원선교회 사무실도 개설하였습니다. 몽골병원선교회는 2주에 한 번씩 정규 모임을 진행하며, 3개월에 한 번씩 전도 투어, 2014년 이후부터 몽골 현지에서 몽골병원선교회 컨퍼런스를 1년에 한 번씩 개최하고 있습니다. 또한, 세계병원선교회 창립자 Francis Grim 회장님의 책 *On the wings of the wind*를 몽골어로 번역, 출간하였습니다. 2016년도 몽골 현지 병원선교회 컨퍼런스에는 황 목사님과 함께 세계병원선교회 Dr. Chris 회장님이 참여하여 말씀을 전하셨습니다.

이처럼 몽골병원선교회가 꾸준히 발전할 수 있었던 가장 중요한 토대는 몽골병원선교회를 설립하여 주시고, 꾸준한 사랑과 지원을 아낌없이 주신 황찬규 목사님의 끊임없는 열정과 노력, 믿음과 기도 덕분입니다. 그리고 황 목사님과 함께 몽골을 방문해 주시고, 한국에서 힘을 보태 주시고, 저희 몽골병원선교회를 위한 뜨거운 사랑과 열정을 보내 주신 방규오 장로님, 한은수 장로님, 추 장로님, 신성철 원장님, 그 모든 가족 분들과 지인 분들께 다시 한 번 감사의 말씀을 전합니다. 그 외 도움을 주신 많은 분들이 계십니다.

여러분의 끊임없는 기도와 사랑으로 지금의 몽골병원선교회가 있음에 진심으로 감사드립니다. 앞으로도 몽골병원선교회가 더욱 발전할 수 있도록 최선의 노력을 다할 것입니다. 함께 기도해 주시고, 함께 하나님께 영광 돌릴 수 있는 저희가 되기를 진심으로 기도합니다. 또한 세계병원선교회와 한국병원선교회를 위해 항상 기도합니다. 모두에게 깊은 감사의 말씀을 전합니다.

6

김희진·김형원 선교사

한국병원선교회 회원

한국병원선교회 회원으로 활동 중인 김희진·김형원 선교사 부부의 간증이다.

할렐루야! 돌이켜 보면 제가(김희진 선교사) 처음으로 한국병원선교회와 인연을 맺게 된 것은 저를 향한 하나님의 긍휼과 사랑, 크신 계획과 은혜 가운데 이루어진 일이었습니다. 1975년 12월 겨울에 저는 을지로6가를 여느 때와 마찬가지로 나 혼자만의 생각에 잠겨 걸어가고 있었습니다. 아마 적십자 간호대학 1학년이 끝나갈 무렵, 겨울 방학이었던 것 같습니다. 길을 걷다가 우연히 간호대학 동창인 이미화를 만났습니다. 미화는 반가워하면서 마침 교회에 가는 길이라면서 저를 이끌었습니다. 그곳이 바로 한국병원선교회였습니다. 하나님은 제 친구를 통해서 저를 병원선교회로 인도하셨던 것입니다.

나중에 들으니, 미화는 저를 처음 만났을 때부터 전도하고 싶은 마음이 들어 저를 품고 기도하고 있었다고 했습니다. 그리고 약 30년이 지난 후에 감리교 신학대학원에서 주미영 목사(당시 간호사로 병원선교회에 출석했었습니다)를 만났는데 제가 한국병원선교회에 다니게 되었을 때 주 목사가 저를 위해 기도를 많이 하였다고 이야기했습니다. 이렇게 하나님께서 저를 병원선교회로 인도하심은 놀라운 하나님의 섭리였음을 고백하지 않을 수 없습니다.

저는 병원선교회를 다니면서 황정희 총무와 성경공부를 시작했습니다. 황 총무처럼 하나님의 말씀도 가르치고, 또 말씀을 선포하는 그런 여성이 되고 싶은 꿈이 생겼습니다. 그래서 주일마다 병원선교회에서 예배를 드리고, 병원전도를 따라다녔습니다. 하나님께서는 그때부터 저를 하나님의 종의 길을 갈 수 있도록 훈련하셨던 것 같습니다. 그런데 2년 동안 열심히 활동했지만 예수님에 대한 믿음의 확신, 구원이 확신이 없었습니다. 1년 정도 활동을 중단했다가 1977년 12월 31일 김유정 전도사님이 인도하시는 송구영신예배에 참석했습니다. 저는 그 집회에서 예수님을 내 구주로 영접했고, 그 후로 제 삶은 달라졌습니다. 하나님을 내 아버지로 부르며 하나님의 자녀로서 당당한 삶을 살아가기 시작했습니다.

저는 육사를 졸업하고 중위로 수도경비사령부에 근무하던 남편(지금은 목사가 되었습니다)과 연애 중이었는데, 남편(김형원 선교사)을 전도하여 병원선교회로 인도했습니다. 남편은 병원선교회 현관 문턱을 처음 넘기가 그렇게 어렵고 두려웠다고 합니다. 우리는 1979년 10월에 병원선교회에서 김유정 전도사님의 주례로 결혼 예식을 올렸습니다.

하나님께서는 평범하게 살던 저에게 하나님의 종으로서의 길을 가기 위한 과정으로 1997년에 감리교 신학대학원에 입학하게 하셨습니다. 이후에 저는 목사가 되었고, 참으로 놀라운 하나님의 계획하심 가운데, 남편도 감리교 목회신학대학원에서 신학을 공부하고 목사가 되었습니다. 우리 부부는 결혼 25주년이 되는 해에, 정확히 둘이 합하여 '100세'가 되는 해에 부부 목사 선교사가 되어 꿈에도 생각해 보지 못했던 '서부 아프리카 불어권 이슬람 국가 세네갈'에 들어갔습니다. 2004년부터 2014년까지, 말라리아로 생사의 고비를 넘기기도 하고, 그 후유증으로 몇 해 동안 힘들게 사역할 수밖에 없었지만, 하나님께서 맡기신 복음 증거의 사명을 위해 최선을 다했습니다. 순교를 각오하고 자녀와 노모를 뒤로하고 '100세'에 떠난 세네갈 선교 사역을 무사히 마친 것은 오직 하나님의 은혜였습니다. 살아서 고국에 돌아오게 하시고 이제 남은 생애를 바쳐서 해야 할 새로운 사명을 주시는 하나님의 선한 인도하심에 감사를 드리지 않을 수 없습니다.

제가 이렇게 하나님의 종이 되어 지금까지 걸어올 수 있도록 믿음의 초석을 놓은 곳이 바로 한국병원선교회였습니다. 병원선교회는 제 신앙의 정체성에 큰 영향을 주었습니다. 그저 주일에 예배만 드리는 것이 아니라, 일하는 신앙, 전도하는 신앙, 성경공부 하는 신앙, 가르치는 신앙을 몸에 익히도록 해 주었습니다. 그것이 튼튼한 기초가 되어서 저를 목회자로 나아갈 수 있게 했고 또한 선교사로도 헌신하게 해 주었습니다. 젊은 날에 나에게 복음을 전해 주었던 친구 이미화, 그곳에서 성경공부를 가르쳐 주셨던 황정희 총무, 그리고 병원선교회를 이끌어 가셨던 황찬규 목사님의 그 신앙적인 열정을 통해 오늘의 제가 있기에 저는 한국병원선교회를 결코 잊을 수가 없습니다.

오늘 이렇게 병원선교회를 회상하고 황찬규 목사님을 다시 만나게 된 것은 하나님의 또 다른 섭리가 아닐 수 없습니다. 워싱턴에서 목회하는 박우원 목사님이 세네갈을 방문했을 때 잠시 만났던 것이 계기가 되어 남편이 2014년에 그 교회를 방문했다가 주보에서 황 목사님의 성함을 발견했습니다. 우리는 고국에서 35년 만에 목사님을 다시 만났습니다. 목사님은 연로하신데도 불구하고 일산 국립암센터 현장에서 직접 병원선교를 하고 계셨습니다. 황 목사님의 복음에 대한 열정에 감동을 받지 않을 수 없었습니다.

병원선교회를 통해서 흐르는 그 신앙의 열정을 가지고 오늘도 우리 부부는 복음을 전하기 위해 또 다른 사역의 현장에서 뛰고 있습니다. 한국병원선교회에서 받은 신앙의 열정은 오늘의 저희를 있게 한 복음의 원형입니다.

7

수많은 전도 및 선교 동역자들

　한국병원선교회를 통하여 바울과 같은 귀한 선교사(평신도 선교사)들이 지금도 전 세계에서 이름도 빛도 없이 오직 주님만을 섬기고 있다. 나는 또한 평생 빛도 없이 이름도 없이 오직 예수 그리스도의 군사로 충성하고 있는 이런 분들을 섬기고 있다. 하나님께 너무나도 감사드리고 있다.

　신상철 회장님과 나의 아내 신은자 권사님, 방규오 총무님, 김화자 권사님은 물론이고, 김근철 지부장님, 김종양 선교사님과 더불어 유재형, 박상원, 조항만, 박춘옥, 박영순, 박금순, 김승진, 김원기, 김동국, 박윤희, 김영자, 박정자, 위애자, 이우경, 송신자, 안청자, 서창희, 최병호, 이군자, 박옥희, 정재숙, 이금숙, 박성혁, 차경열, 이희춘, 이정옥, 이순재, 전용애, Joachim Cibis, Derlef Vanden Hurk, Gerd Tripp, Mun Geum Rohde 님들을 섬기며 동역하고 있는 것이다. 그 외에도 100여 분 이상을 소개하고 싶은 마음이다.

　현재 해외에는 내가 섬겼던 워싱턴 한우리교회 담임이신 박우원 목사님을 비롯한 모든 성도들, 뉴욕 베데스다교회 김원기 목사님과 이종석 장로님, 김정희 권사님, 임마누엘세계선교회 이맹신 목사님, 이사라 목사님, 김성수 목사님, 그리고 국가를 밝힐 수는 없지만 주미영 목사님과 공민호 사역자님이 계시고, 남아프리카에는 김승범 목사님, 스와질란드에는 김종양 선교사님과 함께 박상원 선교사님, 김한기 평신도 선교사님이 수고하고 계신다.

이분들이야말로 바울과 여호수아와 디모데와 같이 오직 예수님을 위하여 충성하는 귀한 전도자들이며 영적 지도자들이다. 이분들이 각 곳에서 생명을 다하여 하나님을 섬기고 있었기 때문에 나의 평생의 사역이 가능했던 것이다.

병원선교회 출신의 목사, 선교사 등 사역자들이 많이 있고 해외 파송 선교사나 사역자로 일하는 분들도 많이 계신다. 그중에서 우리나라 전국을 일주하면서 복음을 전파한 사례가 있어 소개하고자 한다. 김완섭 목사는 1979년에 한국병원선교회 수양회에서 사도신경과 주기도문을 암송했는데 하나님께서 그것을 신앙고백으로 받으시고 빛 되신 예수님을 만나게 해 주셨다. 그 후로 10년 이상을 병원전도를 실천해 오는 등 전도자의 삶을 살아왔으며, 이레서원이라는 기독교출판사를 설립하여 20년 동안 운영하였고, (현재는 동생 김기섭 목사가 운영 중) 2002년에 목사안수를 받고 새소망교회를 설립하여 목회를 해 오고 있다.

그러던 중 예수님처럼 전국을 다니면서 전도해 보고 싶다는 간절한 소망을 하나님께서 들으시고 동역자들과 함께 국토순례전도단을 조직하고 약 4년 동안 전국일주 전도 여행을 실천할 수 있게 해 주셨다. 김완섭 목사는 어디까지나 근원은 하나님이시지만 신앙의 뿌리는 한국병원선교회라는 사실을 결코 잊은 적이 없다고 말한다. 다음은 4년여간의 활동을 국민일보가 취재하여 게재한 내용(2017년 2월)이다.

작은 교회 목회자와 성도 등 80여 명이 3년 10개월간 전국 11만여 킬로미터를 직접 이동하며 전도했다. 2013년 4월 1일부터 지난달 31일까지 지구 세 바퀴(12만 킬로미터)에 육박하는 거리를 다닌 것이다. 기름 값만 1,800여만 원, 식비 천여만 원, 전도용 소책자 제작비 9,200여만 원, 통행료 등 기타 경비 등을 합치면 1억 3천여만 원이 들었다. 전도하며 나눠 준 24쪽짜리 소책자는 모두 61만 부였다.

참가 인원은 80여 명이지만 연인원으로 따지면 1,430여 명. 국토순례전도단(단장 김완섭 목사)이라는 이름으로 모인 이들은 매주 월요일과 화요일 전도책자를 들고 전국의 도시를 방문했다.

시작은 한 목회자가 품은 작은 소망에서부터였다. 김완섭(65) 단장은 예수님이 공생애 동안 이스라엘 전역을 다닌 것처럼 대한민국 전역을 다니며 전도하고 싶다는 생각을 품고 있었다. 2012년 목회자들이 모인 자리에서 이 이야기를 꺼내자 한 목회자 부부가 선뜻 같이하겠다는 뜻을 밝혔다. 다른 자리에서 만난 목회자는 일주일 중에 하루, 월요일은 자기가 운전하겠다고 나섰고 옆에 있던 다른 목회자도 화요일 운전을 책임지겠다고 약속했다.

김 단장과 아내인 오미승 사모를 비롯해 조성래(송파교회), 유인청(목양교회), 이동열(주은혜교회), 원상문(송파안디옥교회), 최성호(성남 열방제자교회) 목사 부부 등 10여 명이 그렇게 모였다. 이들은 전도를 위해 소책자부터 만들기로 했다. 김 단장은 3개월간 사복음서를 집중 연구해 '예수님 사랑 안에 들어와 보세요'와 '당신의 마음을 예수님으로 채우세요' 등 2가지 소책자를 만들었다. 김 단장은 출판사인 이레서원의 설립자로 동생에게 대표를 맡기기 전까지 20년간 운영했었다.

준비를 마치고 2013년 4월 1일 거여동 새소망교회에서 출발예배를 드리고 대장정에 올랐다. 이후 이성용(증평명성교회), 김정우(인천열방교회) 목사 부부 등이 합류했다. 처음 6개월간은 경남 남해에서 강원도 철원까지, 2013년 10월부터 9개월간은 전남 목포에서 경기도 파주까지 다녔다. 2014년 4월부터 6개월간은 경남 양산에서 강원도 고성까지, 2015년 1월부터 12개월간은 전남 진도에서 경기도 김포까지, 지난해 1월부터 올해 1월까지는 경남 거제에서 강원도 화천까지 순례했다.

"오전 11시부터 오후 6시까지 1시간씩 하루 네 번 전도했어요. 눈비가 와도 멈추지 않겠다고 결심했는데 멈출 만한 날씨가 한 번도 없었어요. 전적으로 하나님 은혜입니다."

도움의 손길도 잇따랐다. 김 단장이 담임하는 새소망교회의 김혜은 집사, 고현종 집사 부부, 김월숙 전도사 등이 후원에 동참했다. 순례를 하면서 알게 된 전북 군산의 김귀복 목사, 경기도 포천의 박순희 권사도 헌금을 했다. 모두 75명이 이렇게 십시일반 정성을 보탰다.

어려움도 많았다. 전도책자를 받자마자 던져 버리거나 "'아침부터 재수 없다"며 소금을 뿌린 가게 주인도 있었다. "서울에서 왜 여기까지 와서 전도를 하느냐? 혹시 이단 아니냐?"며 따지는 이도 있었다. 그래서 교회 이름과 목회자 이름을 새긴 이름표를 목에 걸고 다녔다.

순례단원들은 2월 6일 서울 송파구 새소망교회에서 40여 명이 참석한 가운데 감사예배를 드렸다. 김 단장은 "많은 분들의 기도와 동참, 격려로 완주할 수 있었다"고 감격해했다.

이성용(48) 목사는 "남의 교회 신경 쓰지 말고 우리 교회나 부흥시키자고 할까봐 처음에는 성도들에게 말도 못 꺼냈다"며 "그렇게 남의 일만 한 것 같은데 아니더라"고 했다. 그는 "3년 전만 해도 당장 문 닫아야 할 것 같았던 충북 증평의 시골교회였던 우리 교회가 33명이 출석하는 교회로 부흥했다"고 간증했다.

제7장
병원선교란 무엇인가?

1. 병원선교의 세계적 사명
2. 병원선교의 효과적 방법
3. 병원선교의 특수 사명
4. 무엇을 전할 것인가?
5. 어떻게 전할 것인가?
6. 병원선교의 새로운 요원

Healing JESUS

1
병원선교의
세계적 사명

"…건강한 자에게는 의사가 쓸 데 없고 병든 자에게라야 쓸 데 있느니라 나는 의인을 부르러 온 것이 아니요 죄인을 부르러 왔노라…"(막 2:17)

예수님의 선교의 근본적인 요소는 첫째로 병든 자를 치료하고, 둘째로 죄인을 불러 회개시키는 일임을 알 수 있다. 우리는 바로 이 역사의 주인공들이다.

현대 사회는 한마디로 비인간화의 시대라고 할 수 있다. 인간을 기계의 부속품이나 생물학적 세포 조직의 일부분으로밖에 보지 않는 경향이 있다. 그 결과 인간은 더욱 무거운 질병 속으로 빠져 가며 사회는 깊은 탄식과 고통으로 치닫고 있다.

과학, 의술의 발달로 장수는 누리지만 오히려 그만큼 질병으로 인하여 수많은 사람들이 고통당하고 있다. 이와 함께 개인의 건강뿐 아니라 국가나 사회의 건강도 심각하게 나쁜 상태라 육체적, 정신적, 영적 치료가 기독교의 큰 사명이 된 지 오래이다. 그래서 병든 개인과 병든 사회를 치료하는 사명이야말로 우리 그리스도인 모두의 사명으로 다가와 있는 현실이다.

주님은 그리스도의 복음의 역사 속에서 가르치시고 천국 복음을 전파하시고 모든 병과 모든 약한 것을 고치셨다(마 9:35). 곧 복음이란 죄와 죽음에서의 해방이며 이 세상의 파괴적인 세력으로부터의 구출이며 정신적, 육체적인 질병으로부터의 구원이다. 그러므로 복음은 인간을 위한 전인(Whole Person)치료의 근본이다.

그런 의미에서 대부분의 교회의 선교 사역은 건강한 사람들을 대상으로 하는 부유한 선교에 관심을 두었다고 할 수 있다. 그러나 이방지대, 곧 소외된 사람들의 집단을 찾아 그곳에 선교 투자를 하는 것이 예수님께서 기뻐하시는 뜻이라고 볼 수 있다.

나는 일찍이 1969년과 1972년, 1975년 세 차례에 걸쳐 이탈리아, 오스트리아, 영국, 미국, 서독, 네덜란드, 노르웨이, 덴마크, 스웨덴, 이스라엘, 홍콩, 일본 등 세계 각국을 순방하면서 병원선교(Hospital Mission)가 이 시대에 하나님께서 원하시는 사역임을 생생하게 체험하였다.

그 이후에는 아프리카지역을 자주 가서 선교 사역을 감당하면서, 또 중국이나 몽골, 일본 등 다양한 지역에서 다양한 사역과 대회를 치르면서 현대인들에게 가장 필요한 것이 무엇일까, 또 어떻게 하면 효과적으로 바른 복음을 전파할 수 있을까를 늘 깊이 생각해 왔는데, 그 해답은 바로 병원선교에 있음을 항상 확신하면서 오늘에 이르고 있다.

안타깝게도 지금 세계 기독교는 물질문명과 세속주의에 너무도 깊이 빠져 있다는 점을 말하지 않을 수가 없다. 마치 거라사의 귀신 들린 자와 같이(막 5:4), 다양한 자기표현의 개인주의적 문명과 성(性)예술에 취해 있으며, 과학만능의 영향을 받아 복음의 근본적인 역사보다는 합리화 내지는 현실화, 그리고 종교철학으로 병들어 가고 있으며, 극단적인 번영신학에 물들어 미신화되어 가는 일부 성령주의를 볼 수 있다.

그리하여 서구의 기독교 교회는 이미 오래전에 젊은 층이 다 빠져나가고 노년층만 일부 남아 노인들의 천국 대기소나 빈민들의 구제소로, 그것도 아니면 아예 문을 닫아 옛 교회당이 술집으로 변하는 상황도 흔하게 볼 수 있게 된 것이다. 물론 개중에는 뜨거운 열심과 깊은 믿음 속에서 성령의 역사를 이루는 교회도 없지는 않지만 많은 기독교인 수와 교회 수에 비하면 극히 미미한 존재에 불과한 것이다.

이러한 서구 교회들과는 달리 한국 교회는 그래도 아직까지 저마다의 선교 열정이 있고 성령의 역사의 주인공이 되며 복음적으로 세계의 '제사장 나라'임을 자처해 왔던 것이다. 우리는 지금까지 그러했듯이 선교대국으로서의 긍지를 품고 주님께서 하신 일, 곧 병든 자를 고치고 죄인을 불러 회개하게 하는(막 2:17) 사명을 더욱 뜨겁게 감당할 때가 온 것이다.

이것이 바로 병원선교라면, 병원선교에야말로 세계적인 사명이 있는 것이다. 이토록 질병이 만연하여 각종 병원이 경기와 관계없이 성업 중인 이때에 종말적인 정신적, 육체적, 영적인 오염에서 환자를 치료하고 구원하고 천국 백성으로 만들어 나가는 일이 바로 병원선교인 것이다.

병원선교의 새로운 의미

일반적으로 우리는 병원선교라 하면 환자를 심방하여 위로해 주고, 구제 사업이나 사회사업을 통해 극빈자를 돕고, 상담을 통해 환자들의 정신적인 갈등을 해결해 주는 것으로 그 할 일을 다한 것으로 인정해 왔다. 말하자면 피상적인 의미의 전도나 사회운동으로 생각해 왔다는 것이다. 여기서 우리는 병원선교의 새로운 의미와 필요성, 그리고 그 가치에 대해 다시 정리해야 할 것이다.

① 하나님의 구원의 역사가 무엇인지를 환자나 의사나 간호사에게

전해야 한다. 의학만으로 인간의 질병을 치료할 수 있다고 자신하는 의사도 결국 자신의 한계를 통하여 인간이 인간을 구원할 수 없다는 딜레마에 빠지게 되는데, 우리는 이때 치료자이신 예수 그리스도를 분명하게 증언해야 한다.

② 환자(어떤 의미에서 현대인은 누구나 환자)로 하여금 자기 운명과 실존, 그리고 그의 미래를 깨닫게 해야 한다. 현대인은 발달된 문명과 대량생산, 요란한 대중문화, 그리고 성과 여러 중독의 마취 속에 자신을 팔아 버렸다. 우리는 그들에게 참 생명을 전하여 구원을 보여 주어야 한다. 그래서 그들로 하여금 영원한 생명을 소유하게 해야 한다.

③ 병원이라는 한계상황은 어느 나라나 같다. 생명에 대한 애착과 끝없는 안타까움, 여기에서 오는 불안과 고독과 같이 환자가 공통적으로 느끼는 그 아픔을 우리는 어느 곳에서나 경험하게 되는데, 이런 상황 속에서 환자와 치료자가 일대일로 만날 때 우리는 복음으로 그 구심점을 분명하게 보여줄 수 있어야 한다.

이제는 복음의 역사를 민족, 국가, 인종에 얽어맬 수는 없다. 우리나라만 해도 다문화 가정이 얼마나 많이 증가했는가! 그것이 아니라고 해도 "세계는 나의 교구이다"라고 요한 웨슬리가 말했듯이 세계선교의 비전이 우리에게 있고, 확실히 한국은 세계선교의 중심지임에 틀림이 없다.

그렇다면 우리는 어떻게 그 사명을 감당할 것인가? 그것은 주님께서 친히 사셨고 걸어가신 길을 따르는 방법밖에 없을 것이다. 연약한 것을 고치시고 질병을 낫게 하신 일, 그러면서 유한한 우리에게 영원한 생명을 심으셨던 일이다. 130여 년 전 암흑의 조선 땅에 처음 복음을 들고 나타난 선교사들이 의료선교(Medical Mission)를 통해 선교를 시작한 것은 결코 우연한 일이 아니다.

교회를 통과하는 사람보다 병원을 거쳐 가는 사람이 많다

사실 일생을 통해 교회에는 한 번도 안 가 본 사람이 혹시 있을지라도 병원은 누구나 다니게 마련이다. 특히 요즘은 모든 국민들이 전부 환자라고 해도 과언이 아닐 정도가 되었다. 그러니까 한마디로 말해서 교회를 통과하는 사람보다는 병원을 거쳐 가는 사람들이 훨씬 더 많다는 것이다.

누구나 질병이나 사고로 인하여 병상에 눕게 되면 자신의 연약함을 발견하고 두 눈에 보이는 하늘을 바라보게 되면서 초자연적인 하나님의 능력을 기대하게 마련이다. 이때야말로 저들의 심령 상태가 심히 부드러워지고 복음을 받아들일 마음 밭이 옥토화되는 시기이다. 이런 환자들을 임상의학적으로만 치료하는 것이 아니라 그리스도의 사랑과 기도와 말씀으로 치료하여 그리스도를 영접하게 하고, 환자들에게 믿음을 심어 주고 구원의 확신을 갖게 한 후에 인근의 교회로 인도하는 것이 병원선교의 사명인 것이다.

그렇다고 병원선교가 그리 용이한 일인 것만은 아니다. 항상 좋은 환경만 우리를 기다리고 있는 것이 아니며, 수많은 관문과 어려운 문제들이 함께 기다린다는 사실을 알아야 할 것이다. 하지만 이 길이 성경적이며 주님께서도 똑같이 하신 일이기 때문에 우리는 순종하려는 마음을 가져야 한다.

이제 우리는 한국을 병원선교의 예루살렘으로 삼고 복음의 가장 핵심적인 역사를 세계 곧 땅끝까지 이르게 하여 증인 된 사명을 다해야 할 것이다. 병원선교를 통한 전국복음화운동과 병원선교를 통한 세계 선교의 사명을 감당하는 일, 그것이 우리 의료 분야의 모든 그리스도인 동지들이 할 일인 것이다.

2

병원선교의 효과적 방법

환자와 복음

복음은 한 인간을 전체적으로 다룬다. 또 그 전체는 하나로 연결되어 하나님과 관계된다. 그러므로 환자에게 있어서 복음이란 진정제나 종교적 위안을 주는 것이 아니라 환자의 전체 세계로 파고들어 가는 절대적인 힘이다. 미국 장로교회연합회 제172차 총회에서 발표한 "기독교신앙과 건강"(The Relation of Christian Faith)이라는 보고서는 자연과학의 발달이 육체, 정신 및 영혼과 밀접한 관계에 있다는 새로운 인식에 이르게 하였다. 목사와 의사의 협력에 있어서 독창적인 실험이 행해짐에 따라 목사를 위한 임상훈련이 발전하게 되었다.

이에 목사로 하여금 환자를 위한 보다 나은 관리와, 정신적으로 불안한 사람을 위한 보다 지혜로운 상담을 할 수 있도록 기독교 신앙과 의학적 지식의 방법들이 서로 연합하게 되었다. 이러한 새로운 시도와 연구들은 교회로 하여금 복음 전파 방법을 다시 숙고하도록 요구하게 만들었다.

우리가 복음을 전파하는 방법은 어느 한 가지에만 그치는 것이 아니다. 예수님이야말로 우리를 향한 마지막 하나님의 말씀이시다. 그의 교회는 끊임없이 그 말씀을 더 잘 이해하고 그 말씀으로 하여금 하나님께서 원하시는 사람으로 변화되도록 힘써야 한다. 그리고 오늘날은 이전의 어느 시대보다 더 그리스도께서 질병과 건강의 전 영역에 대해 관련을 가지고 계심을 깨달아야 한다.

신앙이란 하나님에 관해 설명한 내용에 대한 동의나 교회적 승인이 아니다. 또한 그것은 기독교적 이상에 대한 헌신, 곧 감정이 가미된 도덕이 아니다. 신앙은 오히려 예수 그리스도를 통한 성도와 하나님의 깊은 인격적 관계이다.

예수님께서 이 땅에 오신 후 병자들은 예수님의 사랑과 능력이 넘치며 또 사죄와 치유가 포함된 구원의 은혜를 받게 되었다. 마태복음 9장 2절에 보면 "침상에 누운 중풍병자를 사람들이 데리고 오거늘 예수께서 그들의 믿음을 보시고 중풍병자에게 이르시되 작은 자야 안심하라 네 죄 사함을 받았느니라" 하고 말씀하신다. 또 마태복음 9장 29-30절에 보면 "이에 예수께서 그들의 눈을 만지시며 이르시되 너희 믿음대로 되라 하시니 그 눈들이 밝아진지라"고 기록된 사건이 나온다.

하나님은 그리스도 안에 악을 정복하기 위한 능력, 절대적이며 본질적인 능력을 가지고 이 땅에 오셨다. 예수님의 생애와 고난과 부활은 모든 형태의 악에 대한 하나님의 승리의 본질이다. 악에 대한 최후의 정복은 아직 이루어지지 않았으나 하나님 나라의 교두보는 그리스도의 역사에서 이미 확립되었다.

우리가 말하는 악의 증상으로 나타난 것이 질병이며 이 질병의 치료는 곧 악에 대한 정복을 뜻한다. 그리스도 안에서 활동하는 구속적 생명은 모든 악을 이기기 위해 성도와 함께 세상에서 활동한다. 역사 안에서 아직 우리는 완성하지 못했지만 하나님의 완전한 치료는 지금 그

도상 위에 있을 뿐이다.

환자에게 있어서 그리스도 신앙이란 절대적인 것이다. 그동안 신앙의 절대성을 무시하고 임기응변으로 신앙을 이용해 왔기 때문에 하나님의 치료가 나타날 수 없었던 것이다. 복음은 환자를 완전히 치유할 수 있는 절대적인 힘인 것이다.

환자는 복음을 어떻게 받아들이는가?

사회가 발달하고 의학이 발달되어 갈수록 병원에서 생의 마지막을 보내는 사람들이 많아진다. 서구에서는 인구의 절대다수가 마지막 순간을 병원에서 보내고 있다. 세월이 종말을 향해 치달을수록 인간은 최대한 약해진 상태로 나갈 것이며, 갈수록 많은 사람들이 병원에서 시간을 보내게 된다.

환자들에게 있어서 더욱 문제가 되는 것은 그들은 거의가 다 죽음의 갈림길에 서서 죽음이라는 문제를 어느 누구보다 절감하는 상태가 된다는 것이다. 인간은 죽음 앞에서는 명예나 물질, 이성 따위의 집착을 버리게 되는 것이 상례이다. 인간은 죽음을 앞에 두었을 때 새로운 갈등과 고민을 겪게 되는 것이다. 그것은 생에 대한 가치와 진실성 등 인간이 헛되게 가지고 있는 모든 거짓과 허식을 모두 버릴 수밖에 없는 처지가 된다는 것이기도 하다.

성경에서는 예수님을 따르지 못했던 부류의 모습을 누가복음 9장 57-62절의 말씀과 누가복음 14장 16-21절 말씀에서 볼 수 있다. 천국 잔치에 들어가지 못한 사람들은 하나같이 물질과 일과 명예와 이기심과 합리주의와 이성에 눈이 팔려 바쁜 사람들이다. 쉽게 말하면 물질, 일, 이성의 문제로 시간에 쫓기는 사람들이며, 그렇기 때문에 자기 자신에 얽매여 진리를 바라볼 수 없는 사람들이다. 결국 천국 잔치에는 먼저 주인이 초대한 사람들 대신 가난한 사람들, 병든 사람들, 시각장

애인들, 지체장애인들로 채워지고 그들은 대환영을 받게 되는 것이다.

천국 잔치가 오히려 이런 사람들로 인하여 풍요로웠던 성경말씀을 비춰볼 때 병상은 바로 천국 잔치에 자기 일로 바쁘거나 물질을 얻기 위해서나 결혼 문제, 이성 문제로 바빠서 갈 수 없었던 처지의 인간들이 다시금 다람쥐 쳇바퀴 돌듯 돌아가던 그 모습에서 벗어나 참다운 자기를 바라볼 수 있는 요양소와 같은 곳이라고 할 수 있을 것이다.

여기에 들어가는 환자들에게도 평상시의 자기 삶에서 벗어나 새로운 시각으로 천국을 바라보게 만들 수 있는 최적의 기회를 제공하게 되는 것이다. 그러므로 복음 전파자들은 이러한 상태에서 그리스도의 복음을 전하여 영접하게 만들 수 있는 최대의 기회를 잡게 되는 것이다. 죽음을 눈앞에 둔 환자들에게 있어서는 더욱 그러하다.

그러나 실제로 전인치료, 전인간호로 환자의 궁극적인 문제를 다루어 주어야 할 병원과 병원 종사자, 의료인들이 환자의 고질화된 질병과 임박한 죽음 앞에서 그들에게 과연 무엇을 얼마나 해 줄 수 있는가? 실로 인간사회에는 절대적이라는 것이 없고 인간 자신들에게는 절대적인 진리가 없으며 또한 인간은 인격과 개성이 다르기 때문에 그들이 모든 환자들에게 진정한 평안을 준다는 것은 사실상 힘든 일이다.

진정한 평안과 영원한 길을 절대적으로 제시해 줄 수 있는 수단은 오직 복음뿐이다. 그러므로 질병이 하나님께서 인간들로 하여금 하나님 나라의 복음을 바라볼 수 있게 만드는 하나의 채찍임을 생각할 때 질병 가운데 놓여 있는 환자들에게 복음을 전하고 그를 위해 간절하게 기도해 주는 것이 무엇보다 중요하다.

환자에게 어떻게 다가갈 것인가?

참된 복음 증거자들은 질병에 대한 확실한 개념을 가져야 하고 질병 가운데 놓여 있는 환자들에게 복음을 받아들이도록 하는 것이 전도자들의 큰 사명임을 깨달아야 한다. 여기에서 우리는 환자로 하여금 복음을 받아들이게 하기 위해서 어떻게 다가갈 것인가에 대해 생각해 본다.

① 그 환자와 생명의 연대의식을 가진다.

환자의 고통은 육체적인 것만이 아니다. 그것은 자기 생에 대한 불만 혹은 무력감으로 인한 심리적 장애, 자기는 죽어 가는데도 다른 사람은 여전히 살아간다는 질투 또는 체념과 허무감, 이런 복잡한 감정과 심리가 복합되어 있는 것이 환자이다. 이것은 환자로서 누구나 그 질병의 정도를 불문하고 가질 수 있는 심리이다.

이러한 환자에게 한낱 동정심이나 이해심만으로는 복음을 전할 수 없다. 여기에는 생명의 연대의식을 함께 가지는 적극적인 사랑이 필요하다. 결국 인간의 운명이란 누구나 동일한 것임을 알려 주고 함께 생명을 나눈다는 입장에 설 때 환자는 그 마음의 문을 열 것이다.

② 환자에게서 희망을 빼앗아서는 안 된다.

죽어 가는 사람이라고 아무런 희망도 가지지 말라는 법은 없다. 모든 소망이 좌절로 끝남에도 불구하고 그들은 집요하게 어떤 희망을 가지게 되고, 그 희망을 버리는 법은 결코 없다. 그러니까 가망 없는 상황이란 치료를 담당한 의사 쪽의 입장이고 환자는 반드시 어떤 소망이라도 가지고 있게 마련이다.

소생할 가망이 없다는, 소위 사망통보, 사형선고를 받은 환자라도 기적적인 소생을 바라는 희망은 가질 수 있다. 여기에서 전도자는 환자의 이 희망을 함께 확신해야 한다. 환자가 죽어야 한다는 것은 일반적인 사실이 될지는 모르겠지만, 그러나 산다는 것은 하나님 앞에서 절대적 신앙의 표현이며, 희망도 하나님의 성령으로 말미암은 것이다. 또한 우리의 궁극적인 희망은 하나님 나라이며 하나님 나라에 대한 대망은 우리의 마지막 소망인 것이다.

③ 삶과 죽음의 진리를 가르쳐 준다.

우리는 때때로 거짓된 위로에 자기를 도피시켜 버리고 말 때가 있다. 하지만 특히 병상의 환자에게 마취제나 수면제 등으로 인간의 진실을 속인다는 것은 있을 수 없는 일이다. 우리는 인간으로서 당면한 생의 현실을 궁극적으로는 혼자서 부딪쳐야 한다. 죽음까지 함께할 수는 없는 (부부 관계나 부모-자녀 관계에서도) 것이다. 인간은 하나님 안에서 '죽음'을 준비하는 존재이다.

그것은 우리가 살고 있는 보이는 세계가 영원은 아니기 때문이다. 인간은 죽음을 이해할 수 없고 저주스러운 숙명으로 받아들이는데, 여기에 대해 당당히 죽음과 대결하고 죽음에 수반되는 모든 현상과 대면할 수 있는 성숙한 자세를 배워야 한다. 이것은 환자에게나 건강한 사람에게나 다 같은 차원의 사실인 것이다.

3

병원선교의
특수 사명

　현대선교는 다원화되어 가고 있다. 그것은 이 세계가 날로 더욱 복잡해져 가고 있기 때문이다. 더구나 우리나라만 보아도 이 사회가 굉장히 다원화되어 있다. 다문화나 이슬람의 문화 침투나 양성 평등에 관한 일부 사회의 욕구와 같은, 이루 말할 수 없을 정도의 복잡다단한 상황을 띠고 있다. 그러므로 오늘날의 선교는 그 대상과 상황에 따라 그 방법과 효과 면에서도 다양해지고 있는 것이다. 이는 급격히 변천해 가는 기술문명의 다원화를 바라볼 때 극히 다행스러운 일이기도 하다.

　그러나 복잡하고 고도로 발달된 물질문명 속에 살고 있는 현대인들에게 아무리 다원화된 방법으로 복음이 전해진다 해도 그것이 그들에게 제대로 받아들여지지 않는다는 데 큰 문제가 있다. 그런 의미에서 병원선교는 이러한 문제들을 해결해 줄 수 있는 복음 전도의 황금어장임에 틀림이 없다.

　현대의학이 아무리 발달하고 인간의 수명이 크게 늘어난다고 해도 인간은 질병으로 말미암아 병원을 찾는 수가 해마다 폭발적으로 증가

하고 있다. 그러므로 한국병원선교회의 사명은 환자들을 위한 신앙집회, 성경연구회, 기도회 등 직접적인 활동과 함께 기독 의료인 훈련, 전도자 파송, 교회와 병원의 자매결연, 문서출판 등 여러 가지 지속적인 전도 활동들이다.

병원을 드나드는 환자들은 복음을 받아들일 수 있도록 마음이 매우 부드러워져 있고 복음을 받아들일 수 있는 여지가 매우 큰 상태가 되어 있다. 진료에 종사하는 선교회 회원들은 환자들의 육신과 마음과 영혼이 함께 회복될 수 있도록 충성을 다하고 있다. 병상에 누웠을 때 저들이 양심의 눈으로 하나님의 형상을 찾게 되기 때문에 강퍅했던 심령이 심히 부드러워지고 복음을 받아들일 수 있도록 마음이 옥토가 되어 있는 것이다.

이러한 환자들을 직접 다루는 의료인들이 환자들을 한낱 기계의 부속품이나 생물학적 세포 조직의 일부분으로 보지 않고, 기능적인 치료로 끝내는 것이 아니라 예수 그리스도를 통한 사랑과 친절과 생명의 존엄의식으로 치료하여 저들의 몸과 마음과 영혼을 질병에서 해방시켜 주는 것이 병원선교의 궁극적인 목적이다.

환자들에게 복음을 전하는 일과 치료하는 일은 서로 별개의 일이 아니라 전인치료를 위한 역할인 것을 확신해야 한다. 전도자의 설교와 의료인들의 치료는 환자들을 위한 하나님의 전인치료 뒤에 숨겨져 있는 봉사라는 것을 겸손하게 고백할 수 있어야 한다.

한마디로 병원선교란 전도 대상자를 환자로, 선교 지역을 병원으로 하는 특수지대선교이며, 이것은 환자를 인간 아닌 인간으로 대하거나 하나의 동물적 대상으로 다루기 쉬운 현대기술의학에 맞서서 환자의 전인치료를 위한 하나님의 말씀과 사랑으로 봉사하는 사역인 것이다.

4
무엇을 전할 것인가?

앞에서 언급했지만 병원선교는 특수사회선교이다. 그래서 자칫하면 전도인들이 환자들에게 단순한 위로나 동정이나 구제를 베푸는 행위로 끝나 버리기 쉽다. 그러므로 우리는 무엇을 환자들에게 전달할 것인가에 대한 뚜렷한 초점을 가지고 있어야 한다. 그 초점이란 무엇보다도 복음, 즉 예수 그리스도의 기쁜 소식이다.

바울은 "이 복음은 모든 믿는 자에게 구원을 주시는 하나님의 능력"(롬 1:16)이라고 했다. 베드로는 나면서부터 앉은뱅이 된 거지를 만나 "은과 금은 내게 없거니와 내게 있는 이것을 네게 주노니 나사렛 예수 그리스도의 이름으로 일어나 걸으라!" 하고 오른손을 잡아 일으켰다(행 3:1-10).

복음은 하나의 학설이나 우리가 선택할 수 있는 많은 진리나 해석의 하나가 아니라 누구도 불순종할 수 없는 절대적 권위를 가진 능력이다. 이 능력은 마치 왕으로부터 나온 왕명이 모든 사람에게 전달되듯이 우주의 왕이신 예수님으로부터 전도인들을 통해 전파되어야 한다.

고린도전서 11장 26절에 "주의 죽으심을 그가 오실 때까지 전하는 것이니라"는 구절이 있는데 '전하는'이라는 단어를 영어 성경에서는 'proclaim'(선포하다)이라고 표현하여 복음은 곧 선포하는 것임을 가르쳐 준다. 우리 전도자들은 바울의 고백과 같이 전도자로 부르심을 받아 하나님의 복음을 위하여 쓰임 받는 질그릇들이다. 그러므로 우리는 인간적인 지혜나 논리, 철학, 인생관을 전달할 수 없다. 우리가 전하는 (선포하는) 것은 십자가의 도 곧 복음이다.

"십자가의 도가 멸망하는 자들에게는 미련한 것이요 구원을 받는 우리에게는 하나님의 능력이라"(고전 1:18)

우리에게 위임된 메시지만을 충성스럽게 전하는 것이 전도자의 사명이다. 왜냐하면 전도는 하나님의 창조의 사업이며 예수 그리스도를 통한 하나님의 사업의 나타남이기 때문이다. 구원의 역사의 주인은 하나님이시며 동시에 이 역사를 다스리시는 분도 하나님이시다(고후 5:18).

예수님의 제자들은 천국 복음을 선포하였고, 동시에 인간을 구원하시기 위하여 강림하신 하나님께서 사탄의 통치의 종말을 고하신 것을 전파하였다(막 1:15). 예수님의 말씀은 하나의 교훈이 아니라 역사를 움직이시는 하나님의 결정적인 행위의 결과이다. 그리스도인인 우리는 천국 복음 곧 하나님 나라의 선포라는 복음 증거가 우리의 전할 것이 되어야 할 것이다.

5
어떻게 전할 것인가?

거듭해서 말하지만 우리가 목적하고 있는 전도의 대상자는 환자들이다. 그들은 누구인가? 즉, 그들 한 사람 한 사람의 입장, 위치, 문제, 고통을 모른다면 그들 중에서 불과 몇 퍼센트만 얻을 수 있을 뿐이다. 보다 효과적인 전도는 바로 전도 대상자들이 누구인가를 정확하게 파악하는 데 성패가 달려 있다. 우리가 이 문제를 해결하기 위해서는 담당 의사나 간호사의 조언이 필요함은 물론이다.

그러나 보다 깊이 환자를 이해할 수 있는 길은 그들과 접촉하면서 나누는 대화라고 할 수 있다. 그들의 가장 심각한 고민은 육체적인 질병의 고통과 아울러 스스로의 삶, 가정, 사회, 직장으로부터 소외당했다는 박탈감과 모든 것을 잃었다는 상실감일 것이다. 예수님은 바로 이런 환자들의 친구이셨다.

"어찌하여 세리 및 죄인들과 함께 먹는가?"라는 바리새인들의 질문에 "예수께서 들으시고 그들에게 이르시되 건강한 자에게는 의사가 쓸 데 없고 병든 자에게라야 쓸 데 있느니라 나는 의인을 부르러 온 것이 아니요 죄인을 부르러 왔노라"(막 2:17)고 말씀하셨다.

　병자, 장애자, 무능력자라는 열등감, 좌절감, 죽음에 대한 공포 때문에 그들은 누구보다도 절망을 느끼기 쉽고 때로는 삶을 저주하며 포기하려고까지 한다. 하지만 그 이면에는 지푸라기라도 붙잡으려 하고 도움을 호소하면서 어떻게든지 살고 싶어 하는 삶에 대한 애착이 있다. 그들의 깊은 고통을 알아주는 사람은 아무도 없다. 그들은 새 시대, 곧 건강하고 온전한 현실을 대망하며 자신이 느끼지는 못하지만 구원의 구세주를 기다리는 것이다.

　우리 성도들은 자신만을 위해서 존재하는 사람들이 아니라 하나님과 이웃을 위해 존재하는 사람들이다. 그러므로 환자들을 위한 적극적인 봉사와 헌신은 그들을 더 깊이 이해할 수 있는 최선의 방법인 것이다.

　전도자와 환자 사이에 거리가 있어서는 절대로 병원전도가 성공할 수 없다. 하나님께서 인간으로 오신 그리스도의 성육신(요 1:14)도 곧 하나님과 인간 사이의 장벽을 무너뜨린 것이다. 육신과 마음, 그리고 영적으로 병든 환자들과 대화를 나누는 동안 우리는 많은 장벽에 부딪치게 된다. 그때마다 우리는 "어떻게?"라는 질문을 스스로에게 하게 된다. 우리에게 필요한 것은 사람 낚는 어부로서의 지혜와 자세이다.

접근단계

① 환자와의 거리를 좁혀야 한다. 그의 직업, 연령, 성별 등을 감안하여 모든 대화의 문을 좁히도록 노력해야 한다. 하나님께서 인간이 되신 그리스도의 성육신처럼 장벽을 무너뜨려야 한다.

② 장기전을 펴야 한다. 순간적인 기분이나 감흥에 의존해서 하는 것이 아니라 계속적인 기도와 끊임없는 대화 속에 전도의 열매를 거둘 수 있다. 그러므로 때를 얻든지 못 얻든지 치밀한 작전과 계획을 세워야 한다.

관심단계

① 기회를 잘 포착해야 한다.

② 관심을 가지고 돌보아 주어야 한다.

③ 성실하고 책임감을 느끼며 진실한 태도를 보여 주어야 한다.

④ 논쟁을 피해야 한다. 논쟁을 하다 보면 환자의 자존심이나 감정이 상하여 마음 문이 닫힐 수 있다.

⑤ 신학적이고 철학적인 말보다 신앙 체험을 말하도록 한다.

⑥ 기계적이고 습관적인 말을 피하고 항상 새로운 감정으로 임해야 한다.

대화단계

① 환자의 인격을 존중해야 하며 그들의 상한 마음에 상처를 주면 실패하게 된다.

② 명확한 신념을 가지고 대해야 한다.

③ 권위주의자가 되지 말고 서비스맨이 되는 것이 바람직하다.

④ 환자에게는 무슨 일이든지 깊은 이해가 필요하다.

⑤ 종교적인 법과 전통에 너무 얽매이지 말아야 한다.

⑥ 인간관계 자체를 잘 형성하도록 한다.

⑦ 예절과 예의를 지키도록 한다.

⑧ 절대 신임을 받아야 하며 특히 시간 약속을 잘 지켜야 한다.

⑨ 그리스도의 심정으로 진정한 권고를 하는 것이 매우 중요하다.

복음제시단계

① 환자의 말을 진지하게 듣는 자세를 보이는 것이 중요하다.

② 바른 복음을 전해야 한다.

③ 약간의 유머와 위트를 생각해 두어야 한다.

④ 죄에 대하여 너무 강조해서는 안 된다.
⑤ 자신의 언짢은 기분을 전달하지 말라.

결신단계
① 항상 그리스도의 사랑의 심정으로 대하라.
② 그리스도를 담대하게 증언할 수 있는 용기를 기르라.
③ 성경의 살아 있는 지식을 준비한다. 인간적인 방법과 지식으로서는 그리스도를 알게 할 수 없다.
④ 대상과 자기 자신을 위해 기도하고 결과는 하나님께 맡겨야 한다.

6

병원전도의
새로운 요원들

병원선교라고 함은 2가지 의미를 가진다. 첫째는 복음 선교에 있어서 병원이라는 장소를 중심으로, 전도자를 통하여 펼쳐지는 선교를 말하며, 병원이 가지고 있는 사회적 기능을 기초로 하는 선교이다. 둘째는 치료선교에 있어서의 주체가 되는 의사, 간호사 및 의료 종사자들을 통한 선교이다. 그러므로 병원선교는 교회나 교단 및 기관에서 진행하는 계획된 선교 방법의 한 면으로서가 아니라 하나님께서 의료인과 병원 전도자를 통해 이루시는 구속사라고 할 수 있는 것이다.

루터가 종교개혁을 통하여 들고 나섰던, '만민은 제사장'이라는 명제를 생각해 볼 때, 병원선교는 단순히 사역자나 성직자들의 병원에서의 선교 활동만이 아니라 의사, 간호사, 의대생, 간호학생, 기타 의료 요원들의 평신도 운동으로서 그 특징이 있는 것이다. 병원선교는 이와 같은 전문분야를 개척하고 발전시켜 나가야 하는 것이다.

마치 갑자기 강도를 당한 것처럼 질병의 강도를 만나 신음하는 환자들에게 복음을 전하는 평신도 사역자들의 사명이야말로 예수님께서 비유로 말씀하신 사마리아인과 같은 사명을 다하는 것이다. 목사나 전도사가 환자들을 대하고 깊은 신앙적 이야기를 하려고 하면 이 사역자들을 순수한 전도자로 보지 않고 직업화한 종교인으로 보는 경향이 있기 때문에 마음이 강퍅한 환자들의 심령의 문이 열려지기에는 너무나도 많은 어려움이 따를 때가 있다.

그래서 본회에서는 의료인과 전도자를 말씀으로 훈련시켜 방글방글 웃으면서 환자들을 자연스럽게 대하여 치료를 해 주도록 하기 때문에 환자들은 의료인들(의사, 간호사)과 가까워질 수밖에 없는 것이다.

잘 훈련된 평신도 병원선교 요원들은 조용한 시간에 틈을 내서 기도와 찬송과 말씀을 환자들에게 전함으로써 그들이 예수님을 영접하게 만들고 심령의 문이 활짝 열린 후에 드디어 병원 전도인들에게 소개해 준다. 전도인들은 신앙의 깊이 있는 구체적인 대화로 믿음의 뿌리가 내려지게 만든 후에 거주지와 가까운 교회로 인도해 주면 된다.

더 나아가 병원과 인근의 교회가 자매결연을 하도록 만든 후에 교회의 사역자들과 평신도들을 통하여 말씀과 기도와 찬양과 봉사와 사랑을 병상의 환자들에게 공급할 때 많은 심령들이 예수 그리스도를 영접함과 동시에 교회도 부흥되는 것이다. 그러므로 각 교회는 인근 병원의 환자들에게 관심을 가지고 병원선교에 깊이 관여하기를 진심으로 요망하는 바이다.